AF284086

Layout / Umschlaggestaltung:
Tilo Hertel - SchrägDruckVerlag
Titelfoto: Hallig Langeness
von Peter Vollbrecht
© 2020
Herstellung und Verlag: BoD -
Books on Demand, Norderstedt
ISBN: 9783752841718

Peter Vollbrecht

# Engagierte Vernunft

Den Teilnehmerinnen und Teilnehmern
meiner philosophischen Reisen
zum 20-jährigen Jubiläum

# Mögliche Welten

# Politische Welten

# Kosmische Welten

## Verletzte Welten

# Vorwort

Wir Europäer leben in der besten aller historischen Zeiten. Die längste Friedenszeit, die höchste Lebenserwartung, die stabilste Rechtsordnung, der größte Wohlstand, die freieste aller Lebensformen bisher. Und knapp unterhalb der Superlative weitere gute Noten für Mobilität und interkulturelle Kompetenz, für Bildung, Diskussionskultur und Zivilgesellschaft, für Ehrenamt und soziale Netze.

Ja gewiss, es gibt Einwände. Wie steht es um Verteilung und Gerechtigkeit, wo stehen die Verlierer, wo bröckeln die Ränder? Haben wir den Zenit gar schon überschritten?

Jedes wache Leben muss sich diese Fragen stellen, um nicht selbstgefällig zu erstarren. Die umsichtige Sorge ist die Schwester des Optimismus, sie schirmt ihn mit wohltemperierter Strömung gegen die Polarluft des Pessimismus ab. Sie hält die Mitte, sie wägt ab und tappt nicht in die Falle der Extreme. Sie ist um faire Urteile bemüht, aber dabei ist sie keineswegs neutral. Sie trägt Sorge dafür, dass zukünftiges Leben sich ebenso entfalten kann wie gegenwärtiges. Sie ist eine Herzensangelegenheit der engagierten Vernunft.

Die hier versammelten Texte stehen im Geist einer engagierten Vernunft, die eher von Kommentarlust als von Deutungsernst motiviert ist. Sie präferiert den Essay und die Kolumne, literarische Kurzformen, die einen Punkt beleuchten - nicht selten nehmen die Gedanken ihren Ausgang bei einer einzelnen, durchaus auch subjektiv erlebten Begebenheit und ziehen von dort weitere Linien.

Die ersten vier Texte staunen über die kreativen Innenwelten, die restlichen elf wenden den Blick auf die äußeren Sphären Politik, Kosmos und Umwelt. Dabei liegt der Schwerpunkt der umsichtigen Sorge engagierter Vernunft eindeutig auf der ökologischen Problematik. In ihr sehe ich die dringlichste Aufgabe für die Menschheit im 21. Jahrhundert.

Esslingen im Februar 2020

# Mögliche Welten

*Das Mögliche umfasst die noch nicht erwachten*
*Absichten Gottes*

Robert Musil

# Wo sind wir, wenn wir lesen?

Keine Messe erfreut sich einer solch' medialen Aufmerksamkeit wie die der Bücher. Doch es sind nicht etwa triumphale Umsatzrekorde, die Schlagzeilen machen, eher umtreibt die Branche die Sorge um ein altehrwürdiges Kulturgut. Denn jedes Mal begleiten klagende Töne der Verleger die Gipfeltreffen in Leipzig und Frankfurt: es werde immer weniger gelesen! Eine Ermahnung an Elternhaus, Schule und Universität, ja an die Gesellschaft überhaupt: Mit dem Lesen stehe und falle die Mündigkeit des Bürgers. Eine Zivilgesellschaft ohne Leser? Undenkbar!

Tatsächlich wird nicht weniger gelesen, sondern einfach nur – anders. Man blättert weniger um, sondern scrollt die Threads hinauf und hinab. Der zuckende Daumen eilt hektisch über die Tastatur und erkämpft seinem Besitzer einen Moment an Aufmerksamkeit in einem Zeitfenster, das fast nur noch aus Gegenwart besteht. Ich sende, also bin ich, und wenn gleich eine Antwort kommt, so weiß ich: ich bin gelesen worden. Das Lesen ist zu einer sozialen Schlacht um Anerkennung geworden. Lesen und Senden sind die digitalen Balzfrequenzen eines Heute, das die Welt auf ein sensitives Jetzt zurückstutzt.

Neben den nervösen Twitter- und WhatsApp-Formaten, neben der Informationsküche der sozialen Netzwerke besteht aber weiterhin das tiefere Lesen. Es vollzieht sich in einer Stille, die zum Ohr wird für andere Stimmen, für fernere Zeiten und fremdere Räume. Das Lesen ist hier ein Welt komponierender Prozess, getrieben von Phantasie, Imagination und Empathie. Da entstehen Personen vor dem inneren Auge, oder ganze Landschaften von Sinnfeldern breiten sich vor den Lesenden aus. Neue Sichtachsen laden ein zu ungewohnten Verknüpfungen bekannteren Materials, Türen öffnen sich ins Unbekannte und Ungemessene. Bei alledem entsteht den Lesern ein geräumigeres Weltverständnis.

Soweit, so gut, aber mal ehrlich: eine Laudatio des Lesens in abgegriffenen Allgemeinheiten? Es riecht doch arg nach biederer Literaturdidaktik. Die Tiefe des Lesens liegt woanders. Also bitte authentischer erzählt! Schließlich ist man beim Lesen ganz bei sich, und das in einem Maße, dass man sich selbst dabei vergessen kann. Das auf Wirkung bedachte Ego tritt in den Hintergrund, das bedeutsame Leben tritt davor und entführt das Ich in andere Narrative. Dabei bin ich – na endlich, endlich zeigt er sich! – stets mit zwei Texten beschäftigt. Da ist zunächst der geschriebene Text, mag er poetisch, philosophisch oder auch wissenschaftlich sein. Er wirft in mir ein Echo und daraus entsteht ein zweiter Text, der Text meines Verständnisses. Und der ist mal farbiger und mal sprunghafter, selten ist er geschlossen, da verschlingen sich oft mehrere Linien, die ich nicht zu einem Strang flechten kann. Will ich mich näher an ihn heranzoomen, um ihn für mich und auch für andere zu verbalisieren, dann entrückt dieser zweite Text ins Undeutliche. Denn er hängt nicht in klaren Begriffen, eher sind es Bilder oder Ströme, die durch mein Bewusstsein gleiten. Da ist alles in Bewegung, und jeder Versuch, die Inhalte in Aussagen und Urteile zu pressen, hinterlässt ein unbefriedigendes Gefühl fehlerhafter, unvollständiger Übersetzung.

Ich bin, bei Lichte betrachtet, allein mit meinem inneren Text, und ich bleibe es selbst dann, wenn mir ein Gespräch dabei hilft, ihn besser zu verstehen. Denn nun beginnt das Spiel mit dem doppelten Text erneut. Angenommen, wir haben uns mit jemandem über eine literarische Figur ausgetauscht, und dabei ist mir manches klarer geworden über, sagen wir, Andreas Egger in Robert Seethalers Roman *Ein ganzes Leben*. Ich habe Worte gefunden für die so seltsame, leidenschaftslose Existenz, in der ein Leben sich spürt, ohne Ansprüche an das Leben zu stellen, klaglos klein gehalten von einer bäuerlichen Welt zur Mitte des letzten Jahrhunderts, als der Geburtsort über das Lebensschicksal entschied. Ich bin also ins Gespräch gekommen über das kleine Meisterwerk dieses Wiener Autors. Mit meinem Gegenüber bin ich eingetreten in die dichte Atmosphäre einer mir unbekannten Welt. Dennoch: ich begreife nicht, weshalb mich Andreas Egger so sehr berührt. In der Tiefe meiner Seele müssen sich Rezeptoren aufgestellt haben, die ich nicht kenne, Sinneszellen, die auf den literarischen Text ansprechen und dessen Bedeutsamkeit erkunden. So undeutlich und dunkel mir dieser innere Vorgang auch ist, mit einer fast strahlenden Evidenz weiß ich, dass dort mein innerer Text strömt. Er verbindet mich nicht nur mit Andreas Eggers Leben, er verbindet mich mit vielen anderen Figuren, denen ich im Laufe meines Lebens begegnet bin, realen wie literarischen Personen. Dabei sind es vor allem die letzteren, die, in meinen Weltknoten eingeflochten, meinen inneren Text über meine biographischen Grenzen hinaus dehnen. Die Grenzen zwischen Fiktion und Realität verwischen sich, wenn es um die Bedeutsamkeit von Welt geht, in der sich der Sinn des eigenen Lebens spiegelt. – Wo sind wir, wenn wir lesen?

Tiefes Lesen kann zumindest einen kleinen Zipfel von einer solchen Weltverbindung erahnen lassen. Vielleicht liegt darin auch eine Erklärung des Umstandes, weshalb es dem Leser – nein, das sollte ich jetzt nicht sagen, es geht persönlicher! – weshalb *mir* manchmal der Abschied aus einem Roman so schwer fällt. Das Ende des Romantextes schneidet mich aus meinem inneren Text heraus und wirft mich zurück in das besorgende Leben. Zurückgekehrt aus existenzieller Fülle in ein dürftigeres Narrativ. Aber – da blieb etwas zurück, ein schmaler Steg zu anderen Lesern, die eine stille Bewegtheit eint, ein zartes, wenig belastbares Band eines Einvernehmens. Die Utopie einer Gemeinschaft, jeder gute Text steht dafür ein, absichtslos, nur in einem Spiel von Wort und Klang, das Räume öffnet.

# Wie wäre eine Welt ohne Konjunktiv?

In seinem monumentalen, grandios gescheiterten, weil nie vollendeten und deshalb vielleicht sogar famos gelungenen Roman *Der Mann ohne Eigenschaften* sinnt Robert Musil über den Möglichkeitssinn nach. Es müsse ihn doch geben, schließlich gibt es ja auch Wirklichkeitssinn. Der Möglichkeitssinn besteht in der Fähigkeit, »alles, was ebensogut sein könnte, zu denken und das, was ist, nicht wichtiger zu nehmen als das, was nicht ist.« Verstehe man ihn recht, diesen Möglichkeitssinn, verwechsle man ihn also nicht mit der Flucht vor der Wirklichkeit, dann erkenne man in ihm »die noch nicht erwachten Absichten Gottes«.

Literarische Gedanken wie diese können tief ins intellektuelle Fleisch schneiden. Junge Menschen sind gewiss empfänglicher dafür als ältere. Aber wem der Geist jugendlich geblieben ist, den fangen sie immer noch ein, denn es sind Träume der Freiheit. Der Sinn für Möglichkeiten steigt von der Erde in den Himmel und strömt Zukunft in die Gegenwart. Lust auf das Kommende, Lust auf Beginn.

In jungen Jahren flutete Zukunft meine Arterien bis in die entferntesten Kapillaren. Was wird, was könnte sein? Das war eine leidenschaftliche Frage. Das eine, das Futurum Eins, kam immer auch ein wenig ängstlich daher, das andere, der Konjunktiv, dagegen spannte sich elastisch auf Erwartung und Hoffnung. Heute ist mein mentales Klima gemäßigter. Und so stelle ich die Frage, die mich damals schon bewegte, heute auf einer Etage tiefer: Wie wäre eine Welt ohne Konjunktiv?

Was wäre, wenn es das ›Was wäre‹ nicht gäbe? Wenn wir Menschen das Mögliche nicht denken könnten? Dann wären wir auf den Indikativ genagelt, die Vergangenheitsform hätten wir noch in unserer Sprache, aber mehr wäre nicht. Eine Welt, fest eingepflockt in Tatsachen. Stabil steht sie da in tief verankerten Fundamenten, Fakt auf Fakt geschichtet, sehr solide gebaut. Alles wäre so, wie es ist, Punktum. Man könnte nur sagen: Das ist so und jenes so. Plus ein kleines Bündel Beziehungen zwischen den Dingen, vielleicht. Aber keine Räume von Alternativen, von Sehnsüchten, keine Welt, die zu entdecken, die zu erfühlen wäre. Wir Menschen wären in einer solchen nichtkonjunktivischen Welt ganz andere Wesen. Wahrscheinlich wären wir nie zur Wissenschaft gelangt, auch hätten wir noch nicht einmal die einfachste Mythologie erfinden können. Wir hätten keine Götter, wir hätten noch nie gestaunt. Und da das Staunen bekanntlich den Beginn des Philosophierens macht, würden wir kein eigenes Menschenbild entworfen haben. Wir stünden vor einem Spiegel und sähen ein fotografisches Abbild unserer selbst, das ein Automat von uns geschossen hat. Wir würden uns nicht verstehen können, uns selbst nicht und auch nicht die Anderen. Wir wären sprachbegabte Ameisen. Wir hätten wohl kaum Kriege unter uns angezettelt, wir hätten aber auch keine Illusionen und keine Musik. Es wäre ein jämmerliches Dasein in Friedfertigkeit.

Aber Halt!, das war Wertung. Das war mein Heute, Regiefehler. Zudem kam es aus knallhart indikativischer Ecke. Ich müsste denn zurück zur Vision einer Welt ohne Konjunktiv, und ich frage: Wie wäre es mit der Zukunft? – Nun denn, wir wüssten, dass es sie gibt, dass da also etwas kommt, aus der Zeit fliegt uns etwas an. Die Sonne geht auf und unter, es gibt Zeiten des Säens und Zeiten des Erntens, es gibt Jahreszeiten, auf das und noch auf viel mehr haben wir uns eingerichtet, wir stehen morgens genauso auf wir ihr, die ihr den Konjunktiv kennt. Doch wie wäre es mit der Lust, sich Zukunft zu gestalten? Sich hineinzustürzen in das Leben, sich umzuschauen im Betrieb der Welt, sich dort zu orientieren, sich einen Ort zu wählen, ihn dann zu besiedeln, welthaftes Individuum zu werden? Sich einzuschreiben in die Narrative der Welt, vielleicht gar mitzuknüpfen am Netz der Welt?

Ich glaube, jetzt würde geschwiegen mit verständnisleeren Augen. In einer Welt ohne Konjunktiv gäbe es keine Lust an der Zukunft. Dort wäre Zukunft die kommende Kette von Ereignissen. Sie kämen wie von einer Kanone aus der Zukunft abgeschossen auf uns zu, oder – umgekehrt betrachtet – wir stolperten verständnislos von einem Jetzt zum nächsten. Der Möglichkeitssinn hingegen legt sich Zukunft anders aus – in Linien, die wir gerade erst beginnen. Immer ziehen wir von einem Nullpunkt aus in die Welt. Überall ereignen sich Geburten. Jeder Schritt eine Natalität und deshalb ein quirliges Wagnis. Und das schäumt Lust und Leidenschaft auf, aber auch Sentimentalität und Melancholie, schließlich ist der wirkliche Mensch ja immer auch geerdet und weiß um die verpassten Möglichkeiten. Der Möglichkeitssinn trägt Gefühle ja auch in die Vergangenheit hinüber. Unser Leben füllt sich mit Leben, mit dieser unruhigen, hungrigen, sprudelnden, stets mit sich selbst experimentierenden Vitalität. Und mit einem Geist, der auch die Andacht kennt, die stille Stunde, das Innehalten, wenn er vor sich selbst tritt und – nachdenkt. Der das alles einsammelt, all die Splitter eines ganzen Lebens, der dann ein Bild daraus formt und es durch die Generationen reicht. Ständig verändert sich dieses Portrait des Menschen, das zudem aus vielen einzelnen Mosaiken komponiert ist, unregelmäßig und mit Leerstellen dazwischen, es flimmert vor unseren Augen. Und dennoch wollen wir es lesen, wie anders könnten wir uns verstehen lernen? Wir suchen das volle Bild, das es in einer Welt ohne Konjunktiv nicht gäbe.

# Wer ist das Ich in meinen Erinnerungen?

Wer kennt sie nicht, die kurzen, wie aus dem Nichts aufsteigenden Bilder einer Erinnerung? Sie kommen stets als Einzelne, ihre Ränder unscharf, deutlich nur die Bildmitte. Kein Erzählfluss verleiht ihnen Bedeutung, indem er sie mit anderen Erinnerungsstücken verbindet. Auch bebildern sie keinen Text, denn der ist zu lange schon verblasst in tiefer Vergangenheit, sie tauchen einfach auf und verschwinden ohne Spur.

Da ist nur dieses eine Bild, ein Bürgersteig im sonnigen Nachmittagslicht, in einer Kolorierung, wie die erwachsenen Augen sie nie wieder gesehen haben beim Warten auf die Ankunft des Interzonenbusses aus Berlin, mit der Großmutter auf Besuch. Oder, noch weiter zurückliegend: Ein tropischer Abend im brasilianischen Belém, ich sitze mit den Eltern und meinem Bruder im Garten einer befreundeten Dame, die zum Essen geladen hat, die deutsche Auslandsgemeinschaft ist zugegen, ich erspüre einen Zipfel der so schmerzlich vermissten Heimat.

Oft wollte ich sie halten, hineinschlüpfen in diese Wurmlöcher zu einer verschütteten Lebenszeit, um zu einem Lebensgefühl vorzustoßen, das sich mir unmerklich, Schritt um Schritt, entzogen haben muss im Kurs der vielen Jahre. Ich muss ein anderer geworden sein.

Meine Lebensgeschichte, an der ich erinnernd immer wieder stricke, suggeriert mir dagegen ein Kontinuum. Graduelle Übergänge nur, in denen ich stets derselbe geblieben bin. Doch nun, wo die Schemen der Vergangenheit auftauchen und mit einer Wucht ihren Platz im Fokus meiner Aufmerksamkeit beanspruchen, da spüre ich: Damals muss alles ganz anders gewesen sein, als wie es mir mein narratives Bewusstsein stets vorspielt, wenn ich an seinem Erinnerungstext webe. So gäbe es denn zwei Vergangenheiten, die ich vergegenwärtige? Die, von der die geheimnisvollen singulären Bilder künden, die ich nicht kommandieren kann, die ungefragt einbrechen und die ich nicht näher aufzoomen kann – und die, von der ich als Autor meiner Erzählungen handele, die ich mir und anderen kommunizieren kann, die mir und nur mir gehören? Die eine betörend leuchtend, eine seltene und den Launen meines Gedächtnisses folgende Erscheinung, die andere sorgsam kultiviert in autobiographischer Rückblende. In der einen bestaune ich mich als denselben, weil mich seine Andersheit irritiert, er ist mir kaum mehr vertraut. Der zweite Erinnerungsstrahl sammelt, reiht aneinander und konstruiert eine Person, die ich mag, an der ich hänge, weil sie ich ist, die ich noch einmal begleite durch Höhen und Tiefen.

Die Erinnerung öffnet mir den philosophischen Blick auf zwei verschiedene Selbstverhältnisse. Das eine ist eine bildhafte Epiphanie eines Augenblicks, das andere eine flüssige Erzählung. Welcher ist mehr zu trauen? Welche ist die ›wahrere‹? Gäbe es die erstere nicht, dann stellte sich die Frage nicht. Doch gerade weil mir in seltenen Momenten eine Vergangenheit aufblitzt, bin ich misstrauisch gegenüber der geglätteten Erzählung. Verändere ich in ihr nicht das authentische Material? Mit jedem Mal ein bisschen mehr? Bin ich als Autor meines Lebens nicht der große Manipulator, der seine Zensur ausübt über missliebige Erlebnisse? Ich solle ehrlich sein, authentisch auch, so mahnte mich ein Freund, und das gelinge nur, wenn ich zu den Schattenseiten meines Lebens stehe. Das ist wohl wahr – wer wollte das bezweifeln? Aber ich spüre: hier geht es noch um etwas ganz anderes. Um etwas Tieferes, Unaussprechlicheres, hier geht es um das Geheimnis ›Ich‹. In den Händen einer hausbackenen Trivialpsychologie ist es schlecht aufgehoben. Doch – wie fasse ich es?

»Ein Selbst ist ein Zentrum erzählerischer Schwerkraft«, lese ich in einem Essay des Berliner Philosophen Peter Bieri. »Ich bin derjenige, um den sich all meine Erzählungen der erlebten Vergangenheit drehen.« So tönt das Hohelied des narrativen Selbst. Ich mag seinen Klang, weil darin das Selbst eine literarische Farbe gewinnt. Einen kühnen Schritt von bloßer Farbe zur Faszination an einer literarischen Lebenskunst macht Friedrich Nietzsche in einem kleinen Aphorismus in der *Fröhlichen Wissenschaft*: »Wir aber wollen die Dichter unseres Lebens sein.« Ich – eine literarische Existenz? Die ihr Leben verzuckert? Und ich, der Autor, ausgestattet mit allen literarischen Freiheiten dazu? Man weiß ja, wohin dies Friedrich Nietzsche führte: in die literarische Einsamkeit. In dicke Tinte, in satt aufgetragene Überheblichkeit, in die philosophische Maske. Ein roher Kutscher und ein geschundenes Pferd hatten Nietzsche ebendiese philosophische Maske vom Gesicht gerissen, als Nietzsche, der bekennende Gegner des Mitleids, in Tränen ausbrach und auf der Piazza Carlo Alberti in Turin der geschundenen Kreatur zu Hilfe eilte und alsdann im Wahnsinn verdämmerte. Wie wenig er sich doch kannte! Seine seelischen Realitäten hatten ihn eingeholt an jenem berühmten 3. Januar des Jahres 1890.

Doch das alles ist nur ein lebenskluger Einwand, der einseitig Maß nimmt an Nietzsches Schicksal. Der Kern der Frage, wer das Ich in meinen Erinnerungen ist, bleibt davon unberührt. Jener dunklen anderen Ordnung meines Selbst hat von allen philosophischen Autoren, die ich kenne, nur Henri Bergson Aufmerksamkeit geschenkt. Im intimsten Innenraum der Subjektivität, so meint er, pulsiert eine andere Zeit. In ihr folgen die Ereignisse nicht aufeinander wie in der physikalischen Zeitreihe oder wie in der erzählten Zeit, sondern sie bilden einen *Klang*. Ja, es ist dieser Klang, den ich erlebe, wenn mir die entfernten Erlebnisse kommen wie kurze Traumgesichte, von denen ich doch weiß, dass sie wirklich waren. Damals lagen sie ausgestreckt vor mir und um mich herum, ich in ihrer Mitte, eine weite Landschaft von Welt-Erleben eines jungen, mir heute entschwundenen Ichs und einer ebenso verblichenen Wirklichkeit. Geblieben ist mir in berückenden Augenblicken jener Klang, der jenseits gliedernder Sprache tönt.

Wir wollen die Dichter unseres Lebens sein? Nun, Dichter weben solche Klänge, die als Seelenbilder aufsteigen, zu Text. Sie tragen nicht auf, sondern ein. In uns. Und großen Texten gelingt es, Klänge in uns hörbar werden zu lassen, Klänge, die irgendwie verschweben in literarischen und eigenen Stimmen. Dort, wenn irgendwo, verbirgt sich das Ich meiner Erinnerungen.

# Beethovens Zehnte
### Künstliche Intelligenz und
### menschliche Kreativität

»Ohne Musik wäre das Leben ein Irrtum«, schrieb Friedrich Nietzsche in apodiktischer Schärfe. Er griff gern in den philosophischen Waffenschrank, und man hört geradezu das Metall einrasten beim Durchladen: »Ohne Musik wäre das Leben ein Irrtum«.

## Lektionen der Musikphilosophie

Nun, man kann das für überspannt halten, für rhetorische Kraftmeierei. Aber Nietzsche richtete seine Kampfansage an das unmusikalische Leben nicht nur auf mein oder dein Leben, sondern er imaginierte Größeres: die Geburt der höheren geistigen Tätigkeiten. Als der frühe Mensch seine Endlichkeit vor den Himmeln des Ewigen entdeckte, als er den Tod nicht nur als Abschied, sondern als Übergang deutete, da wird er sich seine existenziellen Phantasien musikalisch vorgetragen haben. Und dabei wird er eine neue Lust verspürt haben, eine Lust, die tiefer sich regt als wie es leibliche Bedürfnisse vermögen. Der Mensch nahm seinen Abschied aus dem Tierreich, als er sich Musik erfand. Sie ist die Urschrift des menschlichen

Geistes. Klang und Rhythmus dehnte den Verständigungsraum der Sprache auf das Unsagbare aus. Auf Evidenzen, die sich nur erleben, nicht aber beschreiben lassen.

Seit jeher behauptet die Musik eine Spitzenstellung im Kanon der Künste. Sie nimmt den größten Abstand zur Welt der Dinge. Ihr tönendes Gewebe ist aus ätherischem Material geknüpft und dringt in tiefste seelische Provinzen vor. Wie eine Schöpfung aus dem Nichts überkommt sie ihr Publikum und reißt es jäh aus den Bahnen alltäglicher Besorgungen. Im Konzertsaal entrückt sie in feinstofflichere Welten, auch wenn die Schwerkraft die Zuhörer in die Konzertsessel drückt. Absichtslos führt sie den Beweis für die Existenz einer übersinnlichen Welt, das ästhetische Erlebnis überzeugt mehr als jede Deduktion, der Augenblick ist berührender als jedes Narrativ. Keine andere Kunst kommt an die Wirkmacht der Musik heran, keine zieht ihre Figuren so mühelos hinter dem Schleier der Erscheinungswelt – dabei ist die Musik Ton, Klang, Melodie und Thema, auf den Moment des Hörens gespitzt und deshalb so radikal in der Zeit und dennoch ebenso radikal jenseits aller Zeit.

Kein Wunder also, dass seit dem 18. Jahrhundert die Kunstverständigen dem Komponisten die Palme künstlerischer Kreativität zugesprochen haben. Er, der Tonkünstler, durchstößt mit seiner Musik die Kruste des Daseins, er erzählt von einer anderen Ordnung des Seins, er, so die emphatische Vision Arthur Schopenhauers, er berührt die Welt jenseits der Erscheinungen, ja, er legt sogar sein Ohr an das Triebwerk der Natur.

### Künstliche Intelligenz und natürliche Kreativität

Wird am 28. April 2020 nun endgültig Schluss sein mit solchen hochfahrenden Träumen? Dann wird anlässlich des Beethoven-Jubiläumsjahres – die Welt feiert den 250. Geburtstag des Komponisten – das Orchester der Stadt Bonn die unvollendete Zehnte Symphonie uraufführen, komponiert von einer künstlichen Intelligenz. Von Beethovens Vorhaben existieren nur Notizen und Bruchstücke, nicht länger als 30 Takte, doch lassen sie darauf schließen, dass der Meister nach der Neunten ein weiteres Mal eine opulente Menschheitsfeier plante.

Vielen gilt die Neunte als der Höhepunkt symphonischer Musik schlechthin. In ihr pulsiert der enzyklopädische Zeitgeist der Aufklärung, musikalisch bringt sie das Kunststück fertig, dem Trost, dem Sehnen und der Hoffnung ein kollektives, ja kosmopolitisches Format zu geben. Am Neujahrstag, wenn Abschluss und Beginn auf dasselbe Datum fallen, wird weltweit die Neunte gespielt. Eine Instrumentalversion der »Ode an die Freude« aus dem vierten Satz ist seit 1985 offiziell die Hymne der Europäischen Union. Die New

Yorker Philharmoniker spielten die Neunte anlässlich der Trauerfeiern für die Opfer der Anschläge vom 11. September 2001. Sie ertönt immer dann, wenn es gilt, die Kräfte der Menschheit zu beschwören.

Und nun, am 28. April, die Zehnte. Man kann es als Hybris abtun, künstliche Intelligenz könne ein gleichrangiges »Evangelium der Kunst« (Richard Wagner über Beethovens Neunte) erschaffen. Doch schauen wir näher hin. Die ersten Versuche, klassische Musik von einem Algorithmus komponieren zu lassen, datieren zurück auf ein Computerprogramm namens EMI (Experiments in Musical Intelligence) von David Cope aus den Achtziger Jahren, Cope experimentierte damals mit Musikstücken von Johann Sebastian Bach. Im Februar 2019 führte das English Session Orchestra Franz Schuberts unvollendete Achte Symphonie in London auf, die beiden fehlenden Sätze drei und vier setzte das Huawei-Smartphone Mate 20 Pro zusammen, nachdem es die beiden ersten Sätze analysierte. Gegenüber diesen und anderen vergleichsweise ›flachen‹ Experimenten gehen die Architekten der geplanten Uraufführung von Beethovens Zehnter mit ausgefeilter musikwissenschaftlicher Expertise an ihr Projekt. Eine künstliche Intelligenz analysiert nicht nur das Gesamtwerk Beethovens, es bezieht auch die musikalischen Vorbilder des Komponisten mit ein, zudem entwickelt sie ein ›Verständnis‹ der spezifischen Arbeitsweise

Beethovens. Auch durch Beethovens Zettelkästen frisst sich die Maschine und speichert Vorstufen und Verworfenes in musikalische Datensätze, künstliche Intelligenz ›spürt‹ sich vor in den künstlerischen Schaffensprozess. Doch kann sie dabei das Herdfeuer der musikalischen Kreativität entfachen? Lässt sich die Glut der Genialität algorithmisch nachbilden?

## Hybride Intelligenz

Christine Siegert, Leiterin der Beethoven-Archivs, betont, es gehe nicht darum, einen ›echten Beethoven‹ zu simulieren, sondern «etwas zu schaffen, was im Stil der Zeit ist». Nun denn, das klingt bescheiden, abwiegelnd gar. Mehr Variation als Klon also, ernsthafte Spielerei an der Grenze natürlicher Intelligenz und maschinellen Lernens. Das Resultat solcher Spielerei, ersonnen von natürlicher Intelligenz, wird ein Hybrid sein aus analogen und digitalen Algorithmen. Der Grenzbaum hebt sich und ein neuer Verkehr setzt ein, der Verkehr zwischen Mensch und Maschine. Darin besteht das Faszinosum des Beethoven-Projekts und, darüber hinaus, aller KI-Experimente im Bereich künstlerischer Produktion. Immer wieder haben sich Epigonen daran versucht, Unvollendetes im Nachhinein zu vollenden: Ernst Krenek und Deryck Cooke wagten sich an Mahlers Zehnte Symphonie, Friedrich Cerha brachte die Partitur von Alban Bergs Oper Lulu zu einem Ende,

Franz Xaver Süßmayr stellte Mozarts Requiem fertig. Doch alle Komplettierungen blieben zweite Hand und konnten die Authentizitätslücke nicht schließen. Auch eine hybride Intelligenz kann sie nicht überspringen. Aber vielleicht ist sie näher dran am musikalischen Geist des originalen Werks? Das wäre eine kühne Erwartung – oder ein grandioses Missverständnis des künstlerischen Produktionsprozesses?

Intelligenz-Hybride sind nicht gänzlich neu, auf strategischen Feldern wie Verkehrs- und Wirtschaftsplanung, Maschinenbau, Sicherheits- und Waffentechnik sind sie heute schon weitverbreitet. Dass digitale Rechenkraft dem menschlichen Gehirn in vielen Aspekten überlegen ist, mag man noch achselzuckend hinnehmen. Aber wenn künstliche Intelligenz erfolgreich beginnt, menschliche Kreativität in Bits und Bytes zu übersetzen, wenn eine fühllose Maschine auch die seelische Klaviatur bespielen kann, dann empfinden das nicht wenige Zeitgenossen als tiefe Kränkung des menschlichen Selbstwertgefühls. Würde, Souveränität, Selbstvertrauen, ja das Selbstbild der Spezies als *homo creator* stehen auf dem Spiel. Nun ist gerade dieses Selbstbild ein zentrales Thema der Musik Beethovens. Er feierte den *homo creator* in des Menschen geschichtlichen Taten: Aufstand, Revolution, Republikanismus und humanistischer Idealismus. Kommt eine kalte Maschine auf dieses Niveau?

Diese Fragen werden auch die Experten bewegen, wenn sie die Bonner Aufführung beurteilen. Wahrscheinlich bringen sie einen Kränkungsmalus in Abschlag, aber was hilft es? Eine von menschlichen Interessen freie Wertung kann es nicht geben. Der neue Co-Autor KI wird sich folgenreich auf den Produktions- und Rezeptionsprozess von Kunstwerken auswirken. Möglich, dass er in der Unterhaltungsindustrie bald dominieren wird und die Kunden im Warenhaus musikalisch beregnet oder in der Trivialliteratur Auflagen erzielt. Doch wie stellen sich die Dinge dar, wenn künstliche Intelligenz auch in die Domäne höherwertiger Kunst einbricht und dort nachhaltig stilbildend wirken kann?

## Posthumanoide Intelligenz

Philosophisch und kunsttheoretisch kann darauf wohl derzeit keine belastbare Antwort gegeben werden. Imaginieren wir doch einfach: Über eine längere Zeit werden künftig hybride Intelligenzen im Zusammenspiel von Mensch und Maschine den Produktionsprozess von Musik, Literatur und bildende Kunst initiieren – wiederum im Zusammenspiel oder gar Konkurrenz zu rein menschlicher Kreativität, die es gewiss weiterhin geben wird im Kunstbetrieb. Fantasieren wir weiter: Analoge und digitale Intelligenz werden sich gegenseitig mit künstlerischen Impulsen beleben. Künstliche Intelligenz spielt dabei ihre Trümpfe aus und erweitert mit großen Zahlen die musikalische Kompetenz der Komponisten, wenn sie ihnen etwa Klangwelten anderer Kulturen auf das Ohr legt. Das menschliche Bewusstsein bleibt jedoch der angestammte Ort für das ästhetische Erlebnis selbst dann, wenn künstliche Intelligenz den Radius von Erfahrung exorbitant vergrößert. Wissenschaftliche Projekte erforschen die neuen Situationen, in denen Kunst produziert und rezipiert wird. Dabei ergeben sich wiederum tiefere Blicke in die Architektur dessen, was gestern der ›menschliche Geist‹ genannt wurde und was zukünftig vielleicht ›posthumanoide Intelligenz‹ heißen wird.

Kulturpessimisten fürchten, über kurz oder lang werde künstliche Intelligenz das Ruder übernehmen und den Menschen zur Abdankung zwingen. Solche Angst-Szenarien dominieren zurzeit den öffentlichen Diskurs über künstliche Intelligenz, nicht selten gespeist aus dystopischen Filmen, die groß von Maschinen und klein vom Menschen reden. Zugestanden: Die Gefahren neuer technischer Verfügbarkeiten für Überwachung, Meinungsbildung, Marktmonopolisierung und automatisierte Kriegsführung sind real. Dennoch wohnt Kleinmut in der Prognose vom Ende des Menschen. Hat man so wenig Zutrauen in menschliche Innovationsleistungen? Angst, so bringt es treffend die amerikanische Philosophin Martha Nussbaum auf den Punkt, Angst ist monarchistisch, sie unterwirft sich das gesamte Gefühlsleben und verengt die Perspektivenvielfalt auf einen schmalen Spalt. Das Klima der Angst lässt nicht mehr sehen, dass ein anderes Szenario viel plausibler ist, in dem Mensch und Maschine kooperieren.

Eine besonders sensitive Domäne ist dabei das künstlerische Talent des Menschen. Das 18. Jahrhundert hat es mit dem Geniekult geadelt. Seitdem spricht man vom Genialischen auch in der wissenschaftlich-technologischen Sphäre. Immer aber stand und steht es für die Fähigkeit, Neues zu beginnen, das mehr ist als nur eine Variation des Alten, also Paradigmenwechsel zu erfinden. Und nun ereignet sich ein solcher Wechsel in der Welt der Kunst. Dürfen wir hier nicht ebenfalls erwarten, was aller technologischer Fortschritt bislang erbrachte, nämlich erweiterte Wirklichkeiten? Mehr Welt in Reichweite zu bringen? Diesmal dringen wir in die innere Welt des menschlichen Geistes ein, in die Musik als seine edelste Ausdrucksform.

# Politische Welten

*Der Sinn von Politik ist Freiheit.*

Hannah Arendt

# Die magischen Momente der Politik

## Ein Plädoyer für politische Mythen

Abschiede sind hochemotionale Momente. Sie ergreifen, weil sie eine gemeinsam erlebte Zeit auf einen einzigen Punkt verdichten. Wir oder ich – und sie oder er, vorbei. In Abschieden schichten sich vergangene Geschichten auf, Gewonnenes zerrinnt oder bleibt aufbewahrt für die Erinnerung, und das Verpasste hinterlässt eine schmerzhafte Spur. In weltentrückter Schönheit können sie strahlen, die Abschiede, wenn das Wort zurücktritt und einen musikalischen Raum öffnet für Gesten, Gesicht und unerfüllte Träume. Dann wiederum gibt es die wortstarken Abtritte, in denen ein großes Wir geboren wird, das es vorher vielleicht gar nicht gegeben hat, vorher, als alles nur Kampf und Auseinandersetzung war.

In seiner *Farewell Speech* in Chicago hat der scheidende Präsident Barack Obama einen solchen Moment geschaffen, als er sich auf den amerikanischen Gründermythos berufend seinen Abschied nahm. Staatsmännisch, elegisch, und dann und wann, während einer Redepause, blitzte es auf, *still boyish*, bei 55 Lebensjahren. Obama ist nicht nur ein großer

Redner, er ist ein Magier des politischen Augenblicks, ein Zauberkünstler, der die Zuhörer im Sturm zu nehmen vermag. Langsam intonierend, der Wirkung seiner Worte nachhängend, rhetorische Höhepunkte auskostend und immer wieder vom ekstatischen Publikum beschrien, setzte er seine Botschaften, eine nach der anderen, sie weiteten sich zum Teppich der großen amerikanischen Erzählung.

Wer die Rede gesehen hat, wer sich hat mitreißen lassen, wer für fünfzig Minuten darüber hat hinwegsehen können, dass hier eine gigantische mediale Inszenierung den Dingen eine andere Konturierung gegeben hat, als sie in Wirklichkeit haben mögen, kurzum: Wer sich wie ich hat verzaubern lassen können, wer dann, in einem zweiten Schritt, den Motiven seiner eigenen Berückung nachstellt, der begreift, weshalb sich das soziale Wir nach solchen Momenten und solchen charismatischen Persönlichkeiten sehnt. Sie verkörpern glaubhaft mit ihren erzählerischen wie rhetorischen Talenten die Mitte der Gesellschaft, - nicht im soziologischen Sinne, nein, darauf kommt es in den politischen magischen Augenblicken gar nicht an, hier geht es um die Mitte einer zivilisatorischen und kulturellen Identität. Mit seinem *Yes, we can* betrat Obama vor acht Jahren die politische Bühne, mit einem *Yes, we can, yes, we did* trat er ab. Politisch vielleicht an nicht unwichtigen Fronten verstolpert – Drohnenkrieg und zahnlose Syrien-

Politik – , aber gelungen im Persönlichkeitsbild, im Menschenbild sogar, steht es doch für Aufbruch, jugendlichen Enthusiasmus und Zukunft, umgürtet und umhegt von einer Tradition, der es seit den Gründertagen um ein besseres Leben gegangen war. Das mag eine Fiktion sein, wenn man sie an die amerikanischen Kriege hält, an Vietnam, an den Irak, an Afghanistan und die vielen Schauplätze in den ›amerikanischen Hinterhöfen‹ Mittelamerikas, ganz zu schweigen von der aggressiven Politik amerikanischer Konzerne. Aber: Es ist eine starke Fiktion, die das alles unbeschadet überstanden hat. Obamas Abschiedsrede war auch eine Hymne an die Widerstandskraft der Kultur gegenüber der Politik. Mit ihr hat er seinem Nachfolger einen kulturellen Standard gesetzt.

An historischen Herausforderungen, so sagt man gern, wachsen große Persönlichkeiten. Wer müsste kommen, um Europa zu einen? Die große Erzählung dazu liegt in Blaupause auf dem Tisch. Sie erstreckt sich über die zehnfache Länge der 240 Jahre, die seit der amerikanischen Unabhängigkeitserklärung vergangen sind, sie datiert zurück auf den Sieg der Athener über die Perser. Europa hat wie kein anderer Kontinent das Gesicht der Welt geprägt, im Guten wie im Schlechten. Seine Demokratien sind heute die gefestigten in der Welt, seine Bürger haben eine politische Reife wie nirgends sonst. Und doch ist der

Kontinent gespalten entlang historischer Linien, zwischen Stadt und Land, Jungen und Alten, wohlhabend Saturierten und abgehängten Globalisierungsverlierern. Wo sind die politischen Kräfte, die die Gräben überwinden, die integrierend wirken über soziale und nationale Grenzen hinweg? An einer umspannenden Fiktion fehlt es nicht. Seit der Renaissance, spätestens seit der Aufklärung weben die kulturellen Akteure in Literatur, Kunst, Philosophie und Wissenschaft an einer europäischen Identität. Gegründet und flankiert von einer religiösen Idee, die zwar oft geschändet wurde von ihren Institutionen, die sich aber in mitunter geraden Linien mit den säkularen Kulturkräften verknüpft hat. Das Resultat: eine Zivilgesellschaft modernen, weltbürgerlichen Formats.

Sie müssten europäisch auftreten, die Obamas Europas, sie müssten das Beste verkörpern, das in Europas kultureller Mitte gewachsen ist. Amerikas Zauberformel, mit der die transatlantische Nation sich selbst berauscht und die sie der Welt übergeben möchte, sie lautet bekanntlich: *life, liberty and pursuit of happiness*. Sie ist eine zündende Formel, weil sie das Individuum hofiert und im selben Atemzug die gesellschaftlichen Mächte diszipliniert – so zumindest der Idee nach, die Realität mag anders aussehen. Welche Zauberformel hätte Europa zu geben? Sie müsste, wie die amerikanische, die jüngeren historischen Erfahrungen auf einen griffigen Nenner bringen und dabei auch die langen Wege Europas, jene zweieinhalbtausendjährige Erbschaft, im Gepäck tragen. Vielleicht wäre es die Formel des angstfreien Lebens. Ein freies Leben in rechtstaatlicher Sicherheit. Ohne Leibeskontrollen beim Betreten eines Bahnhofs, eines Flughafens, eines Kinos oder von Großveranstaltungen. Ohne ängstliche Blicke über die Schulter beim nächtlichen Nachhauseweg. Diese gesicherte Freiheit veranlasst jedes Jahr Millionen von Chinesen, Amerikanern, Indern und Bürgern anderer Nationen den Glanz europäischer Städte aufzusuchen. Freiheit in Sicherheit, in dieser Doppelformel steckt das Potenzial europäischer Zivilgesellschaften. Gewonnen durch den Blutzoll vergangener Generationen, die auf den europäischen Schlachtfeldern starben.

Wenn es, neben der alten Tradition Europas, eines modernen Gründungsmythos bedarf – dann dieses: Das ›angstfreie Leben‹. Das wäre das europäische *pursuit of happiness*. Das angstfreie Leben ist, zugegeben, durch die Negation etwas gebogener als die amerikanische Formel. Aber das angstfreie Leben wirft ein Echo im kulturellen Gedächtnis von Holocaust, Faschismus und kommunistischer Diktatur. Eine Formel der Hoffnung im Wirbel der weltweiten politischen und ökologischen Verheerungen.

Solange wir auf einen europäischen Obama warten

müssen, ist es an uns, den Bürgern, an politischen Erzählungen zu stricken. Aber – tun das die Nationalisten, die Populisten und die Identitären nicht ebenso? Nein, denn große, bewegende, über die Zeiten wirkende Erzählungen sind stets integrativ und humanistisch, niemals aber kommen sie im kleinen, selbstischen, neidvollen Format daher. Und niemals, niemals spielen sie auf der Klaviatur der Ängste.

# Der Philosoph als Weltbürger

Jürgen Habermas zum 90.Geburtstag

90 Jahre sind ein langes Leben. Die ersten Barthaare sprießen gerade, da gehört er zum letzten Aufgebot eines mörderischen Krieges mit über 60 Millionen Opfern. Dann die Zeit der frühen Bundesrepublik mit dem gewaltigen Schatten der Schuld, die Studienjahre bei nur lückenhaft bereinigtem Professorenkader.

Als Endzwanziger atmet er erstmals die freiere Luft am Frankfurter Institut für Sozialforschung, an das die jüdischen Gelehrten Max Horkheimer und Theodor W. Adorno aus ihrem amerikanischen Exil zurückgekehrt waren. Die Studentenrevolte und die Zeit der Restauration in den späten 70ern, der Höhepunkt des Kalten Krieges mit der Stationierung von Mittelstreckenraketen, der Historikerstreit in den 80ern, die Wiedervereinigung, der Kosovo Krieg und die Erweiterung der Europäischen Gemeinschaft, der Moloch Markt, die Circe Biotechnik und das prekäre Verhältnis von Vernunft und Glauben – seit fast 70 Jahren kommentiert Jürgen Habermas mit fast unzähligen Aufsätzen und Artikeln das politische Leben des demokratischen Europa nach dem Zweiten Weltkrieg.

90 Jahre sind ein langes Leben. Ein philosophisches Leben nimmt Stellung zur Welt, es lässt sich aber auch von gesellschaftlichen Prozessen beeindrucken, ja sogar prägen. Von den frühen 50er bis heute – welch ein Wandel!

Nun folgt das philosophische Denken nicht jeder politischen Erregungsphase. Es ist langerwelliger, denn es bezieht seine Erfahrungen aus einem weiter gespannten Weltnetz. Das ist geknüpft aus historischen Erkenntnissen und aus den Lebenswelten anderer Zivilisationen. Da werden Grenzen zwischen den Disziplinen durchlässiger und es ergeben sich durch Synergien der akademischen Fächer neue Orientierungen.

Der Weltruhm des Jürgen Habermas verdankt sich seiner integrativen Kraft, mit der er immer wieder ganz verschiedene Diskursfelder verbindet und konsequent eine große Linie verfolgt: Unter welchen gesellschaftlichen Bedingungen kann heute der alte Gedanke der Aufklärung prosperieren? Wie ist ein emanzipatorisches Leben möglich?

### Mit 24: Attacke gegen Heidegger

Sein Ruhm setzt sehr früh ein. Er kann es kaum erwarten, und ein Buch hat er noch nicht in die Waagschale zu werfen. Aber einen kühnen Aufsatz, der ließe sich schon schreiben. 1953 wagt er in der Frankfurter Allgemeinen Zeitung als 24-Jähriger eine

öffentliche Attacke auf den philosophischen Meister-
denker Martin Heidegger. Mit dem Vorwurf, Heideg-
gers Denken sei vom Nationalsozialismus infiziert,
löst Habermas einen Skandal aus. Der Artikel zeigt
schon alle Züge der späteren Handschrift, die Jürgen
Habermas über Jahrzehnte hinweg entwickeln wird.

Später findet er mit dem Wort vom ›nachmeta-
physischen Zeitalter‹ das passende Emblem für eine
Bewusstseinslage, in der kein metaphysisches
Seinsraunen mehr überzeugen kann. Das ging gegen
die Heideggerschule, die trotz Lehrverbot ihres
Meisters in den 50er Jahren den Platz beherrschte.

Die Irrtümer müssen in einer freien Diskursöffentlich-
keit korrigiert werden, das verstand sich als Arbeit an
der deutschen Vergangenheit. Im offenen Austausch
der Positionen und Ideen zähle allein der »zwanglose
Zwang des besseren Arguments« (*Theorie des kommunikativen Handelns*, 1981). Das war das republikanische
Credo für eine mündige und kommunikationsfreudi-
ge Gesellschaft. Und damit haben wir schon (fast) den
ganzen Habermas vor uns. Doch langsam, Schritt für
Schritt.

**Der zwanglose Zwang des besseren Arguments**

Da lässt sich nämlich zunächst noch ein wenig
staunen über Habermas' eingängige Formulierung
vom ›zwanglosen Zwang des besseren Arguments‹.
Sie verbindet Freiheit mit Verbindlichkeit. Auf geniale

Weise ist der »zwanglose Zwang« dem Pflichtbegriff Kants abgelauscht.

Kant hatte deutlich zu machen versucht, dass Pflicht keine Unterordnung unter einen fremden Willen bedeutet, sondern im Gegenteil die Unterwerfung unter die eigene Autonomie. Habermas nun unterstellt die Autonomie nicht mehr wie Kant der Deutungshoheit einer monologischen Vernunft, die, einem Richter ähnlich, die Geltungsansprüche von Aussagen, Handlungsmaximen und Ansprüchen prüft. Die Vernunft ist in einer republikanischen Gesellschaft angekommen, sie verfährt vielstimmig, und das verändert sie zur dialogischen Vernunft des kommunikativen Handelns.

Jürgen Habermas beschritt einen langen Weg bis hin zur Vernunft des kommunikativen Handelns. Sein frühes Werk *Strukturwandel der Öffentlichkeit* (1961) zeigt ihn noch als Soziologen, der ein scharfes Auge wirft auf die politische Infiltration scheinbar neutraler gesellschaftlicher Zonen. In *Erkenntnis und Interesse* (1968) ist er schon ganz der Philosoph mit politischen Neigungen. Hier räumt er mit dem Vorurteil einer freien, nicht-normativen wissenschaftlichen Forschung auf, der es um Wahrheit um der Wahrheit willen gehe.

Habermas prägt dabei das berühmte Wort vom »erkenntnisleitenden Interesse«, das die Studentenbewegung von 1968 einseitig und verkürzend als Kapitalismuskritik in Beschlag nahm. Das war es auch, aber das Interesse, das in allen Erkenntnisakten die Strippen zieht, wurzelt in tieferen Lagen als in bloß ökonomischen. Naturbeherrschung, soziale Verständigung und das Interesse, sich von Ideologien zu befreien, sind die Triebkräfte der Vernunft.

Die Begegnung mit dem Philosophen Hans-Georg Gadamer, der Habermas nach Heidelberg geholt hatte, macht Habermas sensibel für die weltkonstituierende Kraft der Sprache. Er setzt sich mit der Hermeneutik auseinander, die damals die deutschen Universitäten dominierte. Auch sie, die Sprache, ist eminent politisch: »Noch ist Sprache nicht als das Gespinst durchschaut, an dessen Fäden die Subjekte hängen und an ihnen sich zu Subjekten erst bilden«, schreibt Habermas. Dabei hört man im Hintergrund die Überzeugung, dass Menschwerdung vor allem ein kommunikatives Geschehen ist.

Über die Sprachphilosophie des späten Wittgenstein, der *Philosophy of Language* angelsächsischer Prägung, über den amerikanischen Pragmatismus und – später – über kommunitaristische Anstöße gewinnt das Habermas'sche Denken in den 80er und 90er Jahren enorm an Volumen. Sein Hauptwerk *Theorie des kommunikativen Handelns* (1981) ist ein Meilenstein der philosophischen Weltliteratur. In ihm verknüpft

Habermas sprachphilosophische, handlungstheoreti-
sche und politische Motive und gewinnt der politischen Philosophie ein tragfähiges Fundament.

## Der Philosoph der globalen Zivilgesellschaft

Spätestens jetzt wird er auch auf der anderen Seite des
Atlantiks wahrgenommen, Habermas ist auf der
weltphilosophischen Bühne angekommen. Er wird
gelesen und diskutiert in den USA, Kanada, in Israel,
Brasilien und in den Metropolen Südamerikas,
Indiens und sogar in China, wo Habermas 2001 im
Audimax der Universität Beijing vor zweitausend
Studierenden über Demokratie und republikanische
Gesinnung spricht. In den 90er Jahren verlagert sich
sein Schwerpunkt auf die Rechtsphilosophie (*Faktizität
und Geltung*, 1992). Damit reagiert Habermas auf den
enormen republikanischen Schub, der nach dem
Zusammenbruch des Sowjetimperiums die autoritä-
ren Gesellschaftsordnungen Osteuropas in demokrati-
sche Rechtsstaaten verwandelt.

Aber auch die gefestigten Demokratien Westeuropas
entwickeln sich fort, neben den etablierten politischen
Parteien erweitern nichtstaatliche Organisationen das
politische Spektrum. Attac, Greenpeace, Amnesty
International und andere Organisationen treten auf
die Bühne der Öffentlichkeit und bieten neue Formen
politischer Partizipation. Habermas prägt für die agile
Zivilgesellschaft den Begriff der »deliberativen

Demokratie« (*Die Einbeziehung des Anderen*, 1996). In ihr werden politische Entscheidungen nicht mehr von oben nach unten durchgereicht, sondern auf vielen verschiedenen Niveaus getroffen.

Habermas versteht die deliberative Demokratie ausdrücklich als Alternative zum politischen Liberalismus. Der Liberalismus, so Habermas' Diagnose, sei normativ zu schwach, weil er Freiheit nur vom Individuum her buchstabiert. Der Mitbürger gilt im Liberalismus nur als Anderer. Der Republikanismus hingegen trete normativ zu stark auf, was Habermas am amerikanischen Kommunitarismus kritisiert. Die deliberative Demokratie halte die Mitte. Sie bewahre das republikanische Ideal einer Zivilgesellschaft, ohne es normativ zu verbiegen und trage es hinein in den zivilgesellschaftlichen Rechtsgedanken.

## Habermas Kampf gegen die Postmoderne

In den 80er Jahren muss Habermas seine politische Philosophie gegen den ernsthaftesten, weil philosophisch potentesten Gegner verteidigen. In Frankreich entwickelte sich seit den späten 70er Jahren der Postmodernismus. Die führenden Köpfe waren Schwergewichte wie Jean François Lyotard, Jacques Derrida, Georges Bataille und Michel Foucault. Sie verdächtigten die philosophische Vernunft autoritärer Gesten.

Autoritär sei ihr Zentrismus, mit dem die Vernunft sich als Herrin über die Sprache aufspiele. Politisch äußere sich der Vernunftzentrismus als ideologische Weltherrschaft der westlichen Zivilisationen, so schmiedeten die Intellektuellen in den Metropolen Asiens die postmoderne Kritik zum postkolonialen Diskurs um.

Und der Feminismus erweiterte den Vorwurf des »Logozentrismus« (Derrida) zum Phallogozentrismus (Julia Kristeva), mit dem die Männer ihre Dominanz über die Frauen, die Ratio und die nichteuropäischen Zivilisationen ausübten. In der Summe formierte sich ein breiter internationaler Angriff auf die heilige Kuh der Aufklärungsphilosophie: auf die ordnende, bestimmende Vernunft. Der Postmodernismus hatte zudem jede Menge Macht- und Metaphysikkritik im Gepäck. Im Kern ging es ihm um die Befreiung von Eros, Spiel und ästhetischer Welterfahrung aus dem kontrollierenden Griff der Vernunft. Nicht zuletzt der elegante literarischer Stil und ein offener Flirt mit der Welt der Kunst machten die postmoderne Vernunft zum schwierigsten Gegner für Habermas.

Habermas seinerseits deutete auf die verwundbare Stelle der postmodernen Machtkritik. Sie reiße rationale Leerstellen auf, sie gefalle sich narzisstisch in spielerischer Beliebigkeit, falle in unpolitische Verspieltheit zurück und verfüge über keinen tragfähigen Begriff einer Praxis. Dem Postmodernismus wohne eine Tendenz zur Gegenaufklärung inne, die die ethischen Wertstandards der Aufklärung unterläuft (in *Der philosophische Diskurs der Moderne*, 1985).

Mitunter hat Habermas dabei schmallippig argumentiert. Die Sache, um die es ihm ging und geht, ist ihm zu ernst, um darüber spaßen zu können. Ihm, dem Belesenen, war natürlich nicht verborgen geblieben, dass in der postmodernen Philosophie seine alten Feinde Nietzsche und Heidegger wieder zu Ehren gekommen waren, Kritiker der Moderne, die den »emanzipatorischen Gehalt« der Aufklärung preisgegeben haben.

Was Habermas den postmodernen Dezentralisten allenfalls zugesteht, das ist das Recht der politischen Peripherien auf Emanzipation. Europa also als Antwort auf die Nationalstaatlichkeit, aber ein Europa mit modernen deliberativen Strukturen, kein Europa am Gängelband der nationalen Regierungen. Kein internationales, sondern ein supranationales Europa, das ein Modell abgibt für eine kosmopolitische Weltgemeinschaft (*Zur Verfassung Europas*, 2011).

### Kommunikative Vernunft, Diskursethik und die Ethik des Diskurses

Die Weltbürgerschaft ist die politische Antwort, die Habermas auf die populistischen und europaskeptischen Strömungen gegeben hat. Philosophisch ruht sie auf den Schultern der Vernunft des kommunikativen Handelns, die einen neuen Typus der Ethik formuliert: die Diskursethik. Entwickelt hat sie Habermas zusammen mit Karl-Otto Apel, die Diskursethik ist der einzige deutschsprachige Beitrag zur Moralphilosophie im 20. Jahrhundert (*Erläuterungen zur Diskursethik*, 1991).

Die Diskursethik formuliert zwei Grundsätze: Nur diejenigen Normen können Geltung beanspruchen, denen alle Teilnehmer eines praktischen Diskurses zustimmen können (jüngstes Beispiel etwa: genetische Untersuchungen zum Down-Syndrom an Embryos). Sodann, zweiter Grundsatz, müssen die Folgen und Nebenfolgen auch von denen, die am Diskurs nicht beteiligt waren, »zwanglos akzeptiert« werden können (Beispiel: die Behindertenverbände). Insbesondere der zweite Grundsatz erweitert die moralische Gemeinschaft über die ›westlichen‹ Zivilisationen, Habermas nennt ihn deswegen auch einen Universalisierungsgrundsatz.

Doch nach welchen Kriterien sind Normen zustimmungsfähig? Habermas hat die Diskursethik mit einer Ethik des Diskurses flankiert. Vier Grundregeln sind zu beachten. Sie regeln den gleichen und fairen Zugang zum Diskurs, die freie Verfügung über alle Sprechakte, die Aufforderung zu Wahrhaftigkeit und

Authentizität und schließlich die Ächtung eines Deutungsmonopols, die eine beteiligte Seite etwa beanspruchen möchte.

Die letztgenannte Regel hat Habermas sich selbst auferlegt, als er über seinen Schatten sprang und das Gespräch mit den kirchlichen Institutionen suchte. Es waren die islamistischen Terroranschläge des September 2001, die ihm das Zugeständnis abrangen, in einer modernen Lebenswelt müsse auch Platz sein für vormoderne Diskurse (*Glauben und Wissen. Dankesrede zur Verleihung des Friedenspreises des Deutschen Buchhandels*, 2001). 2005 führte er die Diskussion über das Verhältnis von Vernunft und Religion öffentlich fort mit Kardinal Ratzinger.

### »Diskutieren ist wichtiger als essen!«

Jürgen Habermas hat das Gespräch mit fast allen wichtigen Stimmen der Gegenwart gesucht. Starallüren und Geltungsstreben hatte und hat er nicht nötig. Es geht ihm um die Sache, um das Denken, das Argument. Die Größe eines Denkers zeigt sich auch darin, dass er als Person hinter seinen Argumenten verschwinden kann Jürgen Habermas sucht die Öffentlichkeit, immer noch. Einen Tag nach seinem 90. Geburtstag bestreitet er eine Vorlesung an seiner Frankfurter Universität und lässt sich auch durch einen Feueralarm nicht aus dem Konzept bringen. Er ist ein konsequenter Vollstrecker seiner eigenen

Philosophie, die die Öffentlichkeit als den Ort begreift, an dem die Dinge ausgehandelt werden von einer mündigen, verantwortungsvollen Kommunikationsgemeinschaft. Mit Recht hat man ihn des Öfteren einen modernen Sokrates genannt.

Rahel Jaeggi berichtet von einem Besuch Habermas' in einem ihrer Universitätsseminare (DIE ZEIT vom 13. Juni 2019): Wie er mit zweiseitigen Zetteln die vierseitigen Essays der Studierenden kommentiert, wie er ihnen seine Einschätzung darüber vorträgt, wie er die dezenten Hinweise übergeht, es sei nun doch Zeit für das Mittagessen: »Diskutieren ist wichtiger als essen!«

# Mit Geschichten getäuscht
## Der Fall des Journalisten Claas Relotius

»Es ging nicht um das nächste große Ding. Es war die Angst vor dem Scheitern«, bekannte der vielfach preisgekrönte Journalist Claas Relotius am 13. Dezember 2018 in der SPIEGEL-Redaktion. Er war am Ende mit seinen Nerven. Kollegen hatten ihn der systematischen Fälschung überführt. »Mein Druck, nicht scheitern zu dürfen, wurde immer größer, je erfolgreicher ich wurde.«

Claas Relotius war der Superstar unter den deutschsprachigen Journalisten. Viermal Deutscher Reporterpreis, Peter-Scholl-Latour-Preis, CNN-Journalist of the Year, und das mit 33 Jahren. Seine Recherchen gewannen Kult-Status: *Königskinder*, die Geschichte zweier syrischer Waisenkinder, die auf ihrer Flucht in die Türkei versklavt wurden und die davon träumen, Angela Merkel würde sie aus ihrer Fronarbeit befreien. Oder die *Löwenjungen* Nadim und Khalid, die vom Islamischen Staat entführt, gefoltert und umerzogen werden, um lebende Sprengstoffbomben aus ihnen zu machen. Und, und, und. Alles journalistische Juwelen.

Relotius schreibt flüssige, ergreifende Geschichten, die den Leser mitnehmen. Schnelle Perspektivenwechsel beleuchten die Hintergründe mal politischer und mal biographisch-psychologischer. Dann Rückblenden und Vorgriffe, die die Reportagen dramaturgisch aufmischen und den Leser bei Atem halten. Und immer lässt Relotius durch die Augen von beteiligten Personen schauen.

Im Verlauf der Reportage enthüllt er nach und nach deren individuelles Schicksal, dadurch gewinnt das Thema an Volumen und vor allem an authentischer Bodenhaftung. Kleine, mitunter scheinbar abwegige Details öffnen für das Seelenleben der Figuren: Weiße Handknöchel der angespannten Faust zeigen Wut an oder Verzweiflung beim Informanten. Oder ein Kind läuft singend morgens durch die Trümmer der zerbombten Stadt und erzählt dabei selbstvergessen von seinen Sehnsüchten.

Doch das meiste davon hat Claas Relotius erfunden und erlogen. Hochwertiges Fake.

Und das gelang dem zur journalistischen Ikone hochgelobten Spiegel-Journalisten bravourös. Mit seinem schriftstellerischen, ja man muss sagen: literarischen Talent täuschte er Leser wie auch Kollegen.

## Allianz zwischen Autor und Leser

Die mediale Welt lag ihm zu Füßen, mit seiner Feder schrieb er atmosphärische Texte, auf die die Leser dann mit ihrem eigenen Kopfkino antworten. Und in ebendiesem Leser-Kopf entsteht das Gefühl, ja die Gewissheit, man sei authentisch dabei. Denn alles ist berührend erlebbar geworden: die fremde Welt über die Gefühle der Figuren der Story, die komplexen politischen Interessen verknoten sich im Leid von Beteiligten, die aus der Anonymität hervortreten.

Und spätestens jetzt beginnt eine Allianz zwischen Autor und Leser, die Relotius meisterhaft moderierte. Sie verdankt sich einer Mischung aus Information und Unterhaltung, von Fakt und Fiktion, von Reportage und Roman. Die Leser hängen an einer emotionalen Angel und können sich nicht mehr kritisch zur Sachlage verhalten.

Der SPIEGEL hat dieses journalistische Kalkül im ›Storytelling‹ zur Perfektion getrieben. Das Blatt trägt damit auch ein Stück an systemischer Verantwortung für den Fall seines Starautors. Jüngst hat der Chefredakteur der ZEIT, Giovanni di Lorenzo, Verantwortung eingefordert. Der Tübinger Medienphilosoph Bernhard Pörksen geht noch einen Schritt weiter und mahnt einen Diskurs über eine Ethik des nicht-fiktionalen Erzählens an.

Tatsächlich ist der Fall Relotius ein Super-GAU für die

Glaubwürdigkeit der informativen Medien. Eine Schadensbegrenzung tut Not, um dem Populismus keinen Anlass für hämische Ausfälle gegen die Presse zu bieten. Und auch in eigener Sache, denn der hochgelobte Qualitätsjournalismus verdient sein Label nur, wenn er selbstkritisch mit seinen systemischen Bedingungen und Zwängen umgeht.

Der Fall Relotius könnte die Öffentlichkeit für die vielleicht radikalste aller Fragen sensibilisieren, mit der eine Debatte über das journalistische Ethos anzuzetteln wäre: Was bringt uns dazu, von einem Bericht, von einer Analyse überzeugt zu werden? Sind es primär die Fakten, oder ist es die Verpackung? Recherche oder Reim, Gedanke oder Geschichte?

Die Bewertung dieser Fragen hat Relevanz über das journalistische Handwerk hinaus, sie betrifft das Schreiben ganz allgemein. Und da, geben wir es zu, spricht manches für die Überlegenheit der Story. Denn jeder Autor wirbt um Aufmerksamkeit. Jede Verfasserin eines Textes muss die Türen kennen, die in die Öffentlichkeit führen.

### Bilder überwältigen uns, nicht Begriffe

Die Aufmerksamkeitsgesellschaft diktiert der Vernunft ihre Bedingungen. Und selbst dort, wo es primär um Gedanken geht, in der Philosophie also, spielt ein Text seine Aufmerksamkeitstrümpfe besser aus, wenn sein gedanklicher Gehalt mit lauterem

Geräusch daher kommt. Wenn er schrill tönt, wenn er gar einen skandalösen Pfeil abschießt. Oder, der Gipfel literarischer Begabung: Wenn der Autor mit einer farbigen Metapher ein verführerisches Bild prägt, dem man suggestiv verfällt. Bilder überwältigen uns, nicht aber spröde Begrifflichkeit. Denn Bilder sprechen unsere Einbildungskraft an, unser Vermögen also, uns in die Welt zu prägen und, umgekehrt, Welt in uns zu bilden.

Vor über einhundert Jahren hat der US-amerikanische Philosoph William James den Gedanken geäußert, es überzeuge uns nur das, was ein inneres Echo in uns erzeugt. Und dazu komme es nur, wenn wir in der Lage sind, das Gehörte und Gelesene in unser bestehendes Weltbild zu integrieren. Es muss sich also eine Art Resonanz ereignen zwischen dem neu gehörten Argument und den alten Einstellungen, an denen unser ganzes Selbst hängt mit seinen Erfahrungen und Gefühlen.

Da schwingt etwas ein in einen bekannten, wenngleich niemals geschlossenen, weil immer wieder herausgeforderten Hintergrund unserer Existenz. Der bei jedem Individuum anders gewellt, illuminiert, beschattet ist mit den Mustern von Erziehung und Kultur. Wenn es ein Medium gibt, das ihn ausfüllen könnte, dann ist es die Erzählung. Denn der Mensch hat primär ein erzählerisches Verhältnis zu sich selbst.

Er ist das *animal narrans*, denn Sinn und Ordnung von Welt und eigenem Leben erschließen sich ihm nur sprachlich. Und hier, an dieser existenziellen Wurzel unseres Daseins, liegt der tiefste Grund für unsere Verführbarkeit durch das Erzählen.

Und hier könnte eine Ethik des journalistischen ›Storytelling‹ ansetzen. Die Philosophie und die Wissenschaften verfügen überdies über eine reiche Tradition im Umgang mit ihren eigenen Narrativen. Denn auch sie erzählen Geschichten. Aber keine davon blieb unwidersprochen. Jedes kritische Bewusstsein weiß, dass alles Denken sich in Geschichten vollzieht. Selbst wo es mit dem Gedanken eines nackten Faktums flirtet, erzählt es eine Geschichte.

Daraus gibt es kein Entkommen. Doch wir stecken da in keiner Falle. Denn es bleibt uns die Aufgabe, für einen fortschrittlichen Kurs der Narrative im historischen Fluss zu sorgen. Das hat allerdings auch Claas Relotius getan. Mit seinen Reportagen hat er das aufklärerische Projekt eines besseren Lebens fortgeschrieben. Das zu seiner Verteidigung – die den Journalisten in ihm nicht entlastet.

# Leitkultur?

Ja oder nein, deutsch oder europäisch?

Letzten Sommer unternahm ich mit meiner Tochter eine mehrtägige Radtour entlang der Elbe. Sattgrüne Flussauen, hochwassertauglich, hier atmet man noch Insekten ein. Ruhig fließt das schwärzliche Wasser, in dem sich vereinzelte Strudel drehen. Der Weltbetrieb scheinbar Lichtjahre entfernt. Kleine Dörfer mit verfallenden Häusern, überwuchert von verwilderten Gärten, die Natur kehrt zurück. Kein Mensch zeigt sich auf der Straße, und wenn Laute vernehmbar sind, dann kommen sie gedämpft aus einem geöffneten Fenster. Ein Gespräch? Nein, es legt sich Musik darüber, es ist nur der Fernseher, die Sprache kommt aus der Konserve. Heimat? Viele scheinen Reißaus genommen zu haben von ihr.

Abends logieren wir bei Strehla in einer kleinen Fahrradpension mit Blick auf die ›wohl schönste Elbschleife‹, wie es im Prospekt lauten könnte. Zwei Monteure sitzen mit uns auf der Terrasse, sie designern gerade eine Tankstelle von Rot auf Gelb um. Zwei Muskelmänner mit Tätowierungen auf gewaltigem Bizeps, die Familie sehen sie nur an den Wochenenden. Sie kommen aus Halle. »Eine schöne Stadt«, komplimentiere ich. »War mal schön!«, knurrt der eine. Ich frage nach, im Urlaubsmodus bin ich aufgeschlossener als sonst. »Wenn ich da in der Straßenbahn sitze und lauter Nigger um mich rum, dann ist das nicht mehr meine Stadt.« – Ach so, das also wird das Thema des Abends, tatsächlich, es liegt ihnen auf dem Herzen oder besser gesagt: es brennt ihnen ins Gemüt. Man spürt eine innere Not. Und was uns überrascht: Sie geben zu verstehen, dass sie sich selbst nicht mögen in ihren Frontstellungen. »Wir sind nicht ausländerfeindlich, aber…« Aber es muss gesagt werden, es muss. Denn so geht es nicht weiter. »Da hat Mutti Scheiße gebaut.«

Der Abend wird ein anschauliches Lehrstück in Sachen gestresster Psyche. Dem einen von beiden – er ist schweigsamer, vielleicht ermangelt es ihm aber auch an Eloquenz – trauen wir durchaus zu, ein Flüchtlingsheim abzufackeln. Vielleicht sogar beiden, denn im Schutz einer Gruppe Gleichgesinnter senkt sich bekanntlich die Schwelle zur Gewalt. Doch sind es Rechtsradikale? Sie sind bekennende AfD-Wähler, und totalitäre Einstellungen wird man ebenfalls bei ihnen finden. Aber: Sie suchen das Gespräch, zumindest mit uns. Hier treten sie ja als Individuen auf und verklumpen zu keiner politischen Masse. Wir halten uns zurück, widersprechen nicht, verurteilen und belehren nicht. Auch werfen wir keine der hohen Begriffe in die Runde, in denen unsere Zivilisation hängt. Wir hören einfach nur zu. Sie sehen die Sache mit der kulturellen Identität anders als wir, aber sie werfen dabei die demokratischen und humanitären Werte nicht ab. Sie bestaunen die Rastafari-Locken meiner Tochter, und sie neiden uns die Freiheit, einfach so durchs Land zu radeln ohne vorausgebuchtes Quartier für die nächste Nacht. Der Vater mit der sechsundzwanzigjährigen Tochter, cool, würde man auch gern, hat man selbst nie erlebt. Jeder soll so leben, wie er mag. Ihr Problem sind nur die Fremden, die ihre Identität gefährden. Aber sind tatsächlich ›nur‹ die Fremden ihr Problem? Oder sind es ihre eigenen Verhältnisse?

Die Politik bietet Leuten wie ihnen das Schlagwort von der Leitkultur an. Nicht jede Politik, sie ist darüber ja selbst zerrissen. Die liberale Linke möchte nichts mit dem Begriff anfangen und hält das Grundgesetz dagegen wie das Kreuz gegen das Böse. Und tatsächlich ist es ja so: Jeder Versuch, Leitkultur zu bestimmen, verführt entweder zu den hohen Begriffen vom christlichen Abendland und demokratischer Wertegemeinschaft oder zu den Niederungen des Kleinklein von festem Handschlag, Martinsgans und offenem Visier. Abgrenzung fordert Assimilation. Dabei stand es einmal anders um den Begriff der Leitkultur. Eingeführt hatte ihn in die deutsche Debatte bezeichnenderweise ein syrischer Migrant vor zwanzig Jahren. Der Islamwissenschaftler Bassam Tibi regte an,

Migranten und Deutsche sollten gemeinsam über Identitäten befinden ohne Über- oder Unterordnung der Beteiligten. »Wir integrierten Migranten wollen mitreden und nicht länger dulden, dass bestimmte Deutsche als unser Vormund auftreten.« Es ging Bassam Tibi um gemeinsame Akte der Identifikation, und ausdrücklich sprach er von europäischer Leitkultur. Eine Nationalisierung oder gar Ethnisierung des Begriffs lehnte er ab.

Seitdem ist der Begriff politisiert worden und auf eine nationale Schmalspur geraten. Theo Sommer machte dabei den Beginn in der ZEIT und musste alsbald erkennen, dass er mit seinem Artikel eine Büchse der Pandora geöffnet hatte. Die Parteipolitik trat an, den Begriff der Leitkultur zu okkupieren, und als schließlich die AfD auf den Zug aufsprang mit klotzigem Ton, da war das Terrain längst schon vergiftet. Die Rede von der Leitkultur war zum politischen Schlagwort verkommen, nur noch angetan, um Wählerschichten zu bewerben, was jüngst die Einlassungen der Minister Thomas de Maizière und Sigmar Gabriel belegen. Dabei geht es längst nicht nur um die Kernwerte Freiheit, Grundgesetz und Gleichberechtigung der Geschlechter, sondern um Werte wie Heimat und Orientierung, und die AfD votiert sogar für eine Revitalisierung eines geschichtlich belasteten Vokabulars. Der unausgesprochene »semantische Überschuss« (Heiner Bielefeld) des Leitwert-Begriffs untergräbt den grundgesetzlichen Fundamentalwert der Gleichheit der Bürger und privilegiert die Nativen über die Einwanderer.

Was also hätten die beiden Monteure aus Halle von einer Leitkultur-Kultur? Sie würden eine Stimme gewinnen, die sie bislang noch nicht hatten. Bis vor kurzem waren sie noch stumm gewesen, jetzt spricht mal jemand Tacheles. Sie sehen sich bestätigt in ihren Rechten, die sie für angestammte halten, die sie wie einen deutschen Schutzwall um sich gürten. Und dafür sind sie bereit, den Rechtstaat zu diskreditieren und die Zivilgesellschaft dazu, sie machen sich auf, Mitspieler der Macht zu sein. Und auf der andere Seite? Die Willkommenskultur in ihren Schattierungen. Gestern noch hielten sie sich für die einzigen Vertreter der Zivilgesellschaft, schließlich hatten sie ihn ja auch erfunden, ihren Titel. Er klingt nach bürgerlichem Kosmopolitismus – und er riecht nach liberalem Hochmut. Man kann es förmlich sehen, dieses Achtungsgefälle, auf beiden Seiten, und der Seiten gibt es da noch mehrere. So stehen die Dinge bei uns.

Leitkultur? Ja, wo denn? Wenn wir in den soziologischen Spiegel schauen, dann sehen wir viele Risse und Spalten. Aber das halten wir aus. Und wir finden Lösungen, dass auch die anderes es aushalten können mit uns. Wir entdecken Formeln des antipathetischen Gemeinsinns. Wir entwickeln Praktiken des eleganten

Aneinander-Vorbeigehens bei gegenseitiger Duldung. Vielleicht entwickelt sich aus diesem Soziotop sogar ein gemeinsamer Kompass, ohne den eine Gesellschaft nicht funktionieren kann. Inmitten aller Auseinandersetzungen über Multikulturalismus, Heimat und Verstädterung: Ein Kompass für eine Zone der Ruhe, des Rückzugs. Dann für eine Sphäre von Selbstverständlichkeiten, der stillen Übereinkünfte im Leben. Regionen mit Bestandschutz des Vertrauten, nicht unbegrenzt, wir wollen unsere vielseitige Abneigungskultur in gegenseitiger Balance halten. ›Wir‹, das wären dann – wir alle?

# Kosmische Welten

*Wahrlich, zuerst entstand das Chaos und später die Erde.*

Hesiod

# „Blickt nach oben zu den Sternen"

## Zum Tod von Stephen Hawking

Er spricht mit einer Stimme flirrenden Metalls. Sein Kopf ist zur Seite gesunken, der Unterkiefer hängt, als sei er aus dem Mund gefallen, keinen Muskel kann er mehr bewegen. Als er, schon längst an den Rollstuhl gefesselt, durch einen Luftröhrenschnitt seine Stimme verlor, kommunizierte er mit der Wissenschaftsgemeinschaft über seinen Sprachcomputer, zunächst kommandierte er ihn mit seiner schwachen Hand, und als die ihren Dienst versagte, mit seinem Augenspiel.

Er ließ sich einfach nicht unterkriegen, seine Krankheit habe ihm die Augen dafür geöffnet, was er mit seinem Leben noch alles anfangen wolle, schrieb er einmal über sich. Mit seiner mentalen Stärke war er der lebende Beweis dafür, dass der Geist das letzte Wort haben kann über Körper und Verfall. Am 14. März 2018 starb der Physiker Stephen Hawking. Er hinterlässt in seinen letzten Interviews bewegende Botschaften an die Menschheit: »Die Tatsache, dass wir Menschen als Ansammlung von Partikeln der Natur in der Lage waren, so nah an ein Verständnis der Gesetze zu kommen, die uns beherrschen, ist ein großer Triumph. Also erinnert euch daran, nach oben zu den Sternen zu blicken und nicht auf eure Füße. Versucht, einen Sinn zu erkennen in dem, was ihr seht, und fragt euch, was das Universum existieren lässt. Seid neugierig. Und wie schwierig das Leben auch scheinen mag, es gibt immer etwas, das ihr tun könnt. Es ist wichtig, dass ihr nicht einfach aufgebt.«

### »Ich habe mein Leben damit verbracht, kreuz und quer durch das Universum zu reisen«

Er selbst hatte nicht aufgegeben hat, als er mit 21 Jahren an Amyotropher Lateralsklerose, einer fortschreitenden Lähmung des Nervensystems erkrankte. Damals gaben ihm die Ärzte zwei Jahre. Es wurden fünfundfünfzig. Zwei Jahre nach Ausbruch der Krankheit promovierte er über expandierende Universen und ging anschließend nach Cambridge, wo er 1978 auf den Lucasischen Lehrstuhl für Mathematik berufen wurde.

Dreihundert Jahre zuvor hatte dort schon Isaac Newton gelehrt, Hawking selbst sah sich als Nachfolger dieses größten Naturforschers aller Zeiten, an Selbstbewusstsein hat es ihm nicht gefehlt. Sogar ein Gott, erklärte er mit breiter wie stolzer Wissenschaftsbrust, hätte bei der Schöpfung nur die Wahl zu diesem Universum gehabt, denn selbst ein Gott wäre dabei an die Naturgesetze gebunden gewesen. Und folglich kommen wir ohne ihn aus.

Hawking leuchtete das Universum aus, währenddessen seine Krankheit ihn zu körperlichem Abstieg zwang. Seine motorische Energie verschwand in einem Schwarzen Loch. Und kosmologischen Schwarzen Löchern galt seine wissenschaftliche Leidenschaft. »Mein Leben habe ich damit verbracht, in meinem Denken kreuz und quer durch das Universum zu reisen.«

## Erschütterung des Determinismus

Schon die antiken Denker Griechenlands hielten das mathematische Talent der menschlichen Intelligenz für das innere Universum, in dem sich der Strukturbau des äußeren Universums spiegelt. Seit Galilei und Newton hat die Mathematik ihr Erkenntnisprivileg immer offensiver gegenüber dem Experiment ausgespielt. In der theoretischen Physik des 20. Jahrhunderts wurden viele Entdeckungen zunächst auf rein mathematischem Weg gefunden, bevor sie experimentell nachgewiesen wurden: Einsteins Relativitätstheorien, das Higgs-Teilchen, die Gravitationswellen und eben auch die Hawking-Strahlung Schwarzer Löcher.

Aber gerade Hawkings Theorie, Schwarze Löcher seien nicht vollständig schwarz, sondern sie strahlten Energie ab, erschüttert ein physikalisches Mantra: den Determinismus. Zwar hatte schon die Quantenmechanik den kausalen Determinismus zu blanker Wahrscheinlichkeit zurückgestutzt, aber für eine Determinierung des Weltgeschehens reichen Wahrscheinlich-keitswellen noch hin.

Stephen Hawkings Theorie über die Schwarzen Löcher hebelt aber den verbleibenden Rest an Determinierung aus, denn Hawking meinte, die Strahlung Schwarzer Löcher enthalte keinerlei Informationen mehr über den Weltzustand, der ihnen vorausgegangen ist.

Darauf ging er eine spektakuläre Wette mit seinen Kollegen John Preskill und Kip Thorne ein – und revidierte 2004 anlässlich einer Konferenz seine Position erneut mit einem theoretischen Ausweg aus dem Dilemma. Physikalisch ein ungeklärtes Problem bis heute: Ist die physikalische Welt zuverlässig und vorhersagbar, oder gibt es das völlig Unerwartete, das physikalische Wunder, das Hawking in der Serie *Star Trek* beim Pokern mit Newton und Einstein zeigt, als das Raumschiff Enterprise in ein Wurmloch stürzte?

Nicht weniger phantastisch ist Hawkings Kosmologie, die ein Universum zeichnet, das ganz in sich geschlos-sen und dabei randlos, ohne Grenzen ist, das einem möglichen Schöpfergott keine Position mehr lässt.

### Hawking spielte für Monty Python einen Song ein

Die Physik ist die phantastische Widerlegung mensch-licher Vorurteile auf rationalem Weg. Spielerisch geht sie dabei nicht nur mit experimentellen Fakten um und entwirft neue Geometrien, neue Modelle, neue Blickrichtungen des Geistes. Das physikalisch Phantastische beflügelt anscheinend auch den Humor. Um länger zu leben, setze man sich in ein Flugzeug und reise um die Erde – bei vierhundert Millionen Umrundungen gewönne man immerhin eine Sekunde, die allerdings durch die ungesunden Flugzeugmahlzeiten wieder aufgefressen werde.

Für die Komiker von Monty Python spielte er einen Song ein, und als er in der US-Zeichentrick-Serie *The Simpsons* auftrat, gewann er Kultstatus. Stephen Hawking hatte trockenen britischen Humor, der manchmal zum Sarkasmus neigte, als er der Menschheit noch tausend, dann sechshundert und schließlich nur noch einhundert Jahre Überlebenszeit gab und die Besiedelung von Exoplaneten empfahl.

Mit seinem Humor mischte er auch die schwierige Materie seiner populärwissenschaftlichen Bestseller *Eine kurze Geschichte der Zeit* und *Das Universum in der Nussschale* auf. Er liebte Science Fiction und Comics. Er war der Auffassung, der wissenschaftliche Geist könne mit seiner quecksilbrigen Kreativität ein Vorbild sein auch für die drängend anstehenden gesellschaftlichen Problemlösungen.

### Globale Bürger werden

»Durch theoretische Physik habe ich versucht, einige der großen Fragen zu klären. Aber es gibt noch andere

Herausforderungen, und eine neue Generation wird sie annehmen. Wie werden wir eine stets wachsende Weltbevölkerung ernähren? Wie für sauberes Trinkwasser sorgen, neue regenerative Energien entwickeln, Krankheiten vorsorgen und globale Umweltveränderungen verlangsamen?«

Die Physik habe das Weltraumzeitalter ermöglicht, und wir werfen einen Blick auf unseren Planeten aus dem Bullauge eines Raumschiffs. »Eines der großen Enthüllungen der Raumfahrt ist die Perspektive, die wir dabei auf unsere Humanität gewinnen. Wenn wir die Erde aus dem Weltraum betrachten, dann sehen wir die Menschheit als ein Ganzes. Wir sehen die Einheit und nicht die Trennungen. Es ist so ein simples Bild mit einer herausfordernden Botschaft: ein Planet, eine menschliche Spezies. Wir müssen mit Toleranz und Respekt miteinander leben. Wir müssen ›Globale Bürger‹ werden. Seid mutig, entschlossen, überwindet den Streit, es kann gelingen.«

# Der Blick aus dem Orbit

Im Dezember 1972 drückte der Astronaut Harrison Schmidt auf den Auslöser seiner Hasselblad-Kamera und schoss aus 45.000 Kilometern Entfernung ein Bild von der Erde. Nahezu wolkenfrei zeigt sich der afrikanische Kontinent vom Mittelmeer bis zum Kap der Guten Hoffnung, über dem Südpolarmeer tanzen weiße Wolkenfedern um die verschneite Antarktis. *Blue Marble*, die Erde als eine blaue Murmel, das berühmteste aller Fotos von unserem Planeten.

Diese Bilder sind möglicherweise die wichtigsten Mitbringsel der Astronauten von ihren Mondflügen. Sie haben unseren Blick auf unser eigenes kosmisches Quartier verändert. Seitdem sehen wir unsere Erde gleichsam von außen, aus der Perspektive eines kosmischen Besuchers. Wir sehen das Ganze, erstmals. Ihre fragile Schönheit, das komplexe Zusammenspiel aus Licht, Atmosphäre und Wetter, den irdischen Garten für das Leben auf dem Land und in den Ozeanen. Philosophisch haben diese Fotos unseren Blick geweitet, denn über Jahrhunderte hinweg fixierten unsere Augen stets den Menschen, seine Freiheiten, Fähigkeiten und Bedürfnisse. Mit der Renaissance hat sich für ein halbes Jahrtausend eine starre anthropozentrische Sichtachse etabliert. Es zählen nur die Dinge, die uns nützlich sind. Selbst die philosophische Vernunft konnte den Verführungen kaum widerstehen, die vom Wahn der Machbarkeit ausgehen. Sie infizierte sich am Bazillus der Macht, als sie keine anderen Götter neben sich mehr duldete. Doch dann: Die Bilder von der aufgehenden Erde über der Einöde des Mondes. Mit ungeahnter Wucht sensibilisieren sie unsere Wahrnehmung für unser *Oikos*, für unser planetarisches Haus. Seitdem ist dem philosophischen Anthropozentrismus ein wichtiger Gegenspieler mit dem ökologischen Bewusstsein erwachsen. Es kultiviert nicht länger das Dogma der Nützlichkeit, sondern es richtet sich aus auf das Wunder und den Wert des Daseins.

Ideengeschichtlich muss man den Bogen weit spannen, um zu sehen, was gerade unterwegs ist. Und das ist atemraubend aufregend. Denn im Schatten der ökologischen Vernunft kommt eine alte Bewusstseinslage zu neuem Leben. Im Denken der europäischen Antike, aber auch in den Weltanschauungen der indischen und chinesischen Philosophien wurde das menschliche Selbstbild stets in größere Zusammenhänge gefügt. Der Mensch vollzog einen mal kleineren und mal größeren Grenzverkehr zwischen Mikro- und Makrokosmos. Immer ging es um die Frage, wie menschliches Handeln mit der kosmischen Ordnung harmonieren könne. Damit setzte sich der Erdenbürger zum Ganzen des Seins in Beziehung. Der Liberalismus, der heute in seinen Spielarten die Szene beherrscht, hat dagegen den Blick auf das Ganze preisgegeben. Das ist möglicherweise der Preis für den Fortschritt im gesellschaftlichen Leben. Ein Zuwachs an Selbstbestimmung, an Gerechtigkeit, an Wohlstand und Gesundheit. Das alles zur Verteidigung von Rationalismus und Aufklärung, von Technik und Wissenschaft. Doch die Naturkrise unserer Gegenwart ruft die holistischen Perspektiven zurück in unsere Aufmerksamkeit. Worauf können sich philosophisch unsere Hoffnungen stützen?

Auf eine Rückkehr von Spiritualität und Religiosität. Dosiert allerdings, nicht als Heilslehre, nicht als maschinenstürmender Irrationalismus, sondern um dem linearen Denken neue Flächen zu geben und vielleicht sogar eine dritte Dimension. Im Zeitalter des Liberalismus schreiten die Sehnsüchte nach dem Ganzen auf Taubenfüßen daher. Alles andere wäre ein Rückfall in das ideologische Zeitalter des Zwanzigsten Jahrhunderts. Der zarte Gang, für den ich plädiere, kann sich auf eine zweite fundamentale Sehnsucht berufen, auf das ästhetische Empfinden von Schönheit. Legen wir ästhetische Imperative an Stadtplanung, Industrieanlagen und Infrastrukturen! Und richten wir auch das soziale Leben im Kleinen wie auch im Großen an schönen Linien aus. Zugegeben: Der Schritt von Vision zu Wirklichkeit ist kein kleiner.

Nur eine freie Diskursgesellschaft kann dafür Konzepte entwickeln. Aber ich setze alle Hoffnungen daran, dass unser ästhetischer Sinn die Brücke schlagen kann von den historischen Leistungen des Liberalismus zu den holistischen Neigungen der menschlichen Vernunft.

Dabei ist es nicht ohne Ironie, dass gerade die avancierte Technik der Raumfahrt die Menschheit sensibler und auch demütiger auf die Natur eingestimmt hat. Wenn Reisen das Bewusstsein nachhaltig verändert, dann sind es die Ausflüge in den Orbit. Alexander Gerst richtete im November 2018, kurz vor seiner Rückkehr von seinem zweihunderttägigen Aufenthalt in der Internationalen Raumstation, 400 Kilometer über der Erdoberfläche, eine Botschaft an die ungeborenen Enkel: »Wenn ich auf Euren Planeten so herunterschaue, dann denke ich mir, dass ich mich bei Euch wohl entschuldigen muss. Im Moment sieht es so aus, dass wir, meine Generation, Euch den Planeten nicht gerade in bestem Zustand hinterlassen werden,…dass wir die limitierten Ressourcen viel zu schnell verbrauchen. ... Ich hoffe sehr für Euch, dass wir noch die Kurve kriegen und ein paar Dinge verbessern können. ... Und ich würd' mir wünschen, dass wir bei Euch nicht in Erinnerung bleiben als die Generation, die Eure Lebensgrundlagen rücksichtslos und egoistisch zerstört hat. Ich bin mir sicher, dass Ihr die Dinge inzwischen sehr viel besser versteht als meine Generation. Und wer weiß, vielleicht lernen wir ja auch noch etwas dazu. Dass ein Blick von außen immer hilft. Dass dieses zerbrechliche Raumschiff Erde sehr viel kleiner ist als wie es die allermeisten Menschen sich das vorstellen können.«

# Verletzte Welten

*Zu fällen einen schönen Baum,*
*braucht's eine halbe Stunde kaum.*
*Zu wachsen, bis man ihn bewundert,*
*braucht er, bedenk es, ein Jahrhundert.*

Eugen Roth

# Tödliches Plastik

### oder: Die toten Schildkröten am Strand von Mahabalipuram

Sie liegen an den Stränden Indiens, die großen Schildkröten, fast einen Meter groß sind die Viecher. Manche schaffen es, ihre Eier zu vergraben, manche aber liegen tot auf dem Sand. Die Krähen haben ihnen die Augen und das Gehirn ausgepickt, mitunter ist der Kopf völlig skelettiert. Erschüttert umkreise ich eine, da erkenne ich zwischen den Beinen ein Plastikseil eines zerrissenen Fischernetzes. Oder einen Plastikstreifen, der sich um die Vorderflossen gewunden hat. Bei einem kleinen Strandspaziergang von einer Stunde zähle ich vier Kadaver. Die toten Schildkröten von Mahabalipuram liegen dort in anklagender Traurigkeit.

Ich frage die Fischer. »Dead, yes Sir, dead«, und dazu das typische indische Kopfwackeln, das ganz verschiedene Skalen abdeckt, von Ja zu Nein, über gut zu schlecht und wahr zu falsch bis hin zu weiteren Sprechakten. Woran sie gestorben seien? »Old, Sir, old.« Ich weise auf die Blutspur am Hals hin. »Oh, very bad, Sir«, eine weitere Kopfgeste, ein Lächeln, das eine gelbe Zahnruine freigibt, und dann die Frage, woher man komme.

Ich bin mal wieder in Indien, das Land und die Zivilisation, die ich bewundere und die mich empört, seit fast dreißig Jahren zieht es mich dorthin. Jedes Mal erlebe ich dieses Wechselbad der Gefühle. Die Positiv- und die Negativlisten sind lang und decken fast die ganze Bandbreite des menschlichen Lebens ab. Indien ist ein Spiegel, in den *homo sapiens* schaut, die große Welt im Brennglas. Es gibt immer beides: Grausames und Hoffnungsvolles. Das alles ist bekannt, ich möchte das nicht eigens ausbreiten, denn jetzt geht es um das Plastik. Es ist allgegenwärtig auf dem Subkontinent: Auf den Feldern flattert es im Wind, in den Dörfern und Städten markiert es die Straßenkante, in den Bergschluchten des Himalaya schimmert es bunt, an den Stränden der beiden Meere windet es sich beim Baden um den Fuß, und selbst in den Nationalparks ist es eine Plage damit auf den Picknickplätzen. Im Jahr 2050, so lese ich in einem Zeitungsartikel, wird in den Ozeanen mehr Plastik als Fische schwimmen. Der Artikel bedarf keiner weiteren Überprüfung, um zu alarmieren und zu deprimieren. Dreißig Prozent des weltweit produzierten

Plastiks werde in die Meere gespült. Und dort wird es zerrieben, sinkt hinab und findet seinen Eingang in die Meeresorganismen, oder es kreist in riesigen Müllstrudeln auf der Oberfläche. Oder es schwappt träge an der Wasserkante und bildet eine Linie an der Flutmarke auf dem Sand.

Keine andere Kultur als die indische hat meines Wissens so emphatisch den Gedanken vertreten, dass der Mikrokosmos des Lebens mit dem Makrokosmos des Universums eines sei. Dass ich mein eigenes Selbst im Samenkorn einer Sonnenblume entdecken kann oder im langsamen Atmen des Alls. Die Plastikhölle Indiens spricht dem Hohn. Aber: es gibt sie auch dort, die kleinen Zonen einer polyäthylenfreien Welt. Am Berg Arunachala etwa, wo der Weise Ramana Maharshi in einer Höhle meditierte, bevor er seinen Ashram gründete, wo ihn auch Carl Friedrich von Weizsäcker besuchte und, nach eigenem Bekunden, eine Erleuchtung erlebte. Oder auf dem weitläufigen Gelände in Auroville, einer futuristischen internationalen Gemeinde, die den Weltfrieden verwirklichen möchte. »You please stick to the rules, no further argument«, so wurde ich zurechtgewiesen, als ich an meiner elektrischen Zigarette nuckelte und bedeutete, es handle sich nicht um ein Rauchen, sondern um ein

Dampfen. Verschämt steckte ich sie weg.

Die plastikfreien Oasen Indiens sind stets spirituelle Plätze. Zwar ist nicht jeder spirituelle Ort sauber. Aber wenn das Religiös-Spirituelle auf den Willen zur Ästhetik trifft, dann gelingt ein kleines Wunder. Dann streicht eine sanftere Hand über die Natur. Dann wird gesäubert, gepflanzt, umhegt und bewässert. Dass der Kosmos nicht nur geordnet, sondern dabei – und vielleicht nur dabei? – auch schön ist, gehört zu den ältesten Ideen der Menschheit. Dass die Menschheit, ja dass die gesamte Biosphäre nur in einer schönen Welt überleben kann, wäre eine Botschaft für die plastik-vermüllte Welt des Jahres 2017. Auf die ästhetische Erziehung hatte vor über zweihundert Jahren schon ein Größerer gesetzt, es war Friedrich Schiller. Ihm ging es idealistisch um den ganzen Menschen in seiner Einheit aus Verstand und Gefühl, und damit wollte er eine Lanze brechen für den politischen Fortschritt. Darum geht es heute nach wie vor, doch im Blick auf das tödliche Plastik weitet sich der Sorgenkreis auf die Vielfalt des Lebens überhaupt.

Spätestens mit der geschlechtlichen Fortpflanzung ist das Schöne zu einem entscheidenden Mitspieler in der biologischen Evolution geworden. Und einige

Organismen werden ästhetische Empfindungen zweckfreier, nämlich über die Ziele der Reproduktion hinausgehend, ausgebildet haben. Welche Kognition dafür erforderlich ist, wissen wir nicht. Wir Menschen jedenfalls haben mit unserer Vernunft und deren kulturellen Leistungen den Wirkungskreis der Schönheit enorm ausgedehnt. Gewiss: Menschen sind hungrig nach Broten. Aber sie sind auch sehnsüchtig nach dem Schönen – heute vielleicht mehr als früher, denn beim Produkt macht das Design den Kaufanreiz. Es käme allerdings darauf an, die Sehnsucht nach Schönheit nicht auf das Designerschöne zu beschränken. Denn das schert sich nicht um die Schönheit der Natur und endet bekanntlich auf den westafrikanischen Müllhalden Accras.

Es ist ein ansprechender Gedanke, dass ursprünglich im Schönen der Widerschein eines sinnvollen Ganzen erlebt wurde. Ich scheue ein wenig, es als Göttliches anzusprechen, lieber adressiere ich mich dabei an den Grundspruch der Natur: Leben möge sich entwickeln. Die tödliche Plastikfracht unserer Zivilisation jedoch erstickt das Leben. Achtlos und ignorant handeln wir, gewissenlos gegenüber dem großen Lebenskreis. Änderungen, vertrauen wir sie der Technik und der internationalen Politik an, kommen langsam, zu langsam, denn das Plastik lässt sich ungleich schwerer aus dem Meer filtern als etwa das Kohlendioxyd aus der Luft abzuscheiden wäre. Setzen wir lieber auf den Schönheitssinn der Menschen, der sich – die Architektur und die Künste zeigen es – weiterentwickelt und verfeinert. Wir wollen eine schönere Welt als diese, denn sie ist die bessere.

Erinnern wir an die toten Schildkröten am Strand von Mahabalipuram.

# Die letzten Trümpfe der Menschheit

Manchmal überfällt mich nachts ein Schemen, ein Bild, ein Gedanke gar und reißt mich aus dem Schlaf. Dann formt sich, scheinbar von ganz allein, ein Text. Heute Morgen um fünf Uhr öffnete sich das Fenster der Erinnerung und ich saß mit zwei Gästen in meiner Wohnung in New Delhi. Beide waren zu Kurzzeitdozenturen an die Universität gekommen, wo ich als DAAD-Lektor deutsche Kultur und Philosophie unterrichtete. Der Leibniz-Kenner Hans Poser von der Freien Universität Berlin war der eine, den Namen des anderen erinnere ich nicht mehr, wohl aber, dass ich von ihm tief beeindruckt war, weil er seine Auszeit von akademischen Pflichten mit der Lektüre von Thomas Manns Joseph-Roman füllte. Und klar und deutlich stieg mir heute Nacht das Thema jenes Abends vor Augen. Vor einem Vierteljahrhundert machte eine neue ökologische Idee die Runde: das Handeln mit $CO_2$-Zertifikaten.

Damals erschien mir der Vorschlag eines Emissions-rechtehandels pervers und ich gab dem in unserer Runde Ausdruck: So weit also sei es mit den gierigen Märkten gekommen, dass sie nun auch noch aus der Luft eine Ware machten! Meine Gäste konnten meine

Empörung verstehen, auch sie teilten meine Wertschätzung für eine Natur, die als Mutter des Lebens zu würdigen und folglich nicht zu verhökern sei. Aber sie argumentierten sachlicher und vor allem pragmatischer. Unsere Gespräche werden damals wohl durch die komplizierten Schleifen mäandert sein, in denen sich moralische und politisch-wirtschaftliche Perspektiven verknüpfen. Der einzelnen Linien und Positionen kann ich mich heute nicht mehr entsinnen, ich glaube aber, dass ich mich hinter meinem moralischen Argument verschanzt hatte und im Emissionshandel nichts anderes als einen Angriff auf die ›heilige Natur‹ erkennen wollte. Deutlich aber steigt wieder die Erinnerung an das Ende des Abends auf. Ich fuhr meine Gäste ins Gästehaus der Universität, und dabei passierten wir die eilig aufgeschlagenen Zelte am Rand der Stadtautobahn, in denen die Ärmsten der Armen Zuflucht gesucht hatten vor dem Monsunhochwasser des Yamuna-Flusses. Die Petroleumfeuer erleuchteten gespensterhaft die dunklen Gestalten, Kinder sprangen umher und jagten einander im Spiel. Im Auto ein bedrücktes Schweigen, wie ein dumpfer Nachhall unserer weltverbessernden Gespräche in meiner geräumigen Wohnung in einem der Villenviertel der indischen Metropole.

Das ist ein Vierteljahrhundert her. Delhi rühmte sich damals schon mit der schlechtesten Luft der Welt. Seitdem haben per Dekret die Busse, Taxis und Tuk-

Tuks auf Gas umgestellt, eine U-Bahn wurde in den sumpfigen Grund gebuddelt, doch an der Luftqualität hat das nur kurzfristig etwas geändert. Fortschritte in der Bekämpfung der Armut sind gemacht worden, die materiellen Lebensbedingungen haben sich verbessert, Bettler sieht man sehr viel seltener. Aber, wie überall auf der Welt: Die Menschheit hat ihre Anleihen dafür bei der Natur genommen. Der Emissionshandel hat die Hoffnungen nicht einlösen können, die seine Einführung begründeten. Die Märkte, freie wie geregelte, können anscheinend die Umweltprobleme nicht lösen. Die Idealisten träumen vom Bewusstseinswandel, und wahrscheinlich kommt der über kurz oder lang. Die »Vital Few«, die aktiv Wenigen, die mit ihrer Lebensführung ökologische Verantwortung übernehmen, können an bewusstseinsverändernden Narrativen stricken und immer größere Teile der Gesellschaft darin einbinden. Immer noch steht das zu hoffen. Über kurz oder lang – doch wieviel Zeit haben wir noch?

Vor fast vierzig Jahren erschien das ethische Hauptwerk des deutsch-israelisch-amerikanischen Philosophen Hans Jonas *Das Prinzip Verantwortung*. Dort las ich zum ersten Mal das Wort von der ökologischen Diktatur. Sie drohe, so Hans Jonas, wenn es der menschlichen Vernunft nicht gelinge, der Umweltzerstörung Einhalt zu gebieten. Die ökologische Diktatur ist somit die letzte Trumpfkarte, die die Menschheit ausspielen kann. Sie würde, wenn sie gelänge, wenn sie gelingen müsste, alle anderen Karten ausstechen, die wir bislang ausgereizt haben: der demokratische Souverän und der politische Pluralismus, die freien Märkte und das kleine Glück des Konsumenten, die ungehinderte Mobilität, der weltöffnende Tourismus und anderes mehr. Und vor allem käme ein zentrales Narrativ der westlichen Zivilisationen unter die Räder: die freie Selbstbestimmung des Menschen, gehegt und gepflegt seit der europäischen Aufklärung, pervertiert durch ein Wirtschaften, das sich darin perfektioniert hat, stets neue Bedürfnisse zu schaffen. Die ökologische Diktatur wäre das Bekenntnis eines Ruins von Politik und Vernunft.

Und doch ist sie vielleicht unsere letzte Hoffnung. Oder auch ein Angstgespenst, das uns aufrüttelt. Vielleicht schreckt die Vision einer ökologischen Diktatur den Egozentrismus des heutigen Erdenmenschen stärker als die Bilder des Naturelends, mit denen wir täglich konfrontiert sind: Dürre, Hunger, Überschwemmungen, aber auch das vor Schmerz quiekende Ferkel, dem ohne Betäubung die Hoden abgeschnitten werden, damit uns sein Fleisch besser schmecke. Das Archiv solcher Bilder hat ein fast endloses Volumen, und der eigentliche Skandal besteht darin, dass es nur ein, zwei oder höchstens drei Generationen sind, die diese grausamen Bilder zu verantworten haben.

Doch es gibt auch andere Perspektiven. Die zum Himmel beispielsweise. Nein, da winkt mir kein Trost, eher ist es eine melancholische Traurigkeit: Gibt es vielleicht Zivilisationen ›da draußen‹, die es besser können? Die vernünftiger sind als wir? Die ohne Ökodiktatur leben können? Der kluge Film *Arrival* handelt davon. Außerirdische parken ihre Raumschiffe in Sichtweite, die Menschheit ist alarmiert und erwägt Nuklearschläge: Weshalb sind sie gekommen? Was wollen sie? Der Film deutet eine Antwort an: Sie wollen uns helfen. Nur das.

Das ist beschämend und berührend zugleich. Kürzlich sagte der Mitbewerber um die Merkel-Nachfolge, Friedrich Merz, wir bräuchten mehr Aktienbesitzer. Ich halte dagegen: Wir brauchen mehr Schulen, mehr Bildung und mehr hoffnungsvolle, bewusstseinsverändernde Narrative wie diesen Film. Wir brauchen sie gegen die Totengräber unserer Kultur und unseres Lebens. Damit wir noch eine Alternative haben zur Ökodiktatur.

# Plötzlich sieht vieles anders aus
## ›Fridays for Future‹ klagt den Generationenvertrag ein

Kaum jemand hat sich so euphorisch über das politische Leben ausgesprochen wie Hannah Arendt. Der Sinn von Politik sei Freiheit, Punktum. Und Freiheit? »Das Wunder der Freiheit liegt im Anfangen-Können beschlossen«, jeder Mensch könne eine Weltlinie beginnen, und deshalb dürfe man von der Politik Unerwartetes, Unwahrscheinliches, ja Wundervolles erwarten. Wie bitte – von der Politik? Hannah Arendt dachte dabei weniger an die institutionalisierte Politik, weniger an die etablierten Politiker und Parteigänger als vielmehr an das urwüchsig Politische, das menschliche Leben nämlich. Immer wieder finden Neuankömmlinge dort hinein. aUnd irgendwann artikulieren sie sich als politische Akteure und beginnen eine neue Ära.

### Die Neuankömmlinge auf der politischen Bühne

Ein solches Wunder entfaltet sich gerade vor unseren Augen, heute, im Jahr 2019, dreißig Jahre nach dem letzten großen Wunder, als die Bürger Osteuropas ihre Angst abschüttelten und ihre Regimes stürzten. Heute allerdings gehen die Impulse tatsächlich von den Neuankömmlingen aus, von Schülern und Studenten. Sie artikulieren nichts anderes als ein fundamentales Recht: das Recht auf Leben unter lebensfreundlichen Umweltbedingungen. Keiner Generation zuvor wurde ein solches Recht abgestritten. Darauf gründet der Generationenvertrag jeder Gesellschaft: Die Älteren übergeben den Jüngeren eine Welt, in der es sich nicht schlechter leben lässt, die Jüngeren sorgen für einen entspannten Lebensabend ihrer Eltern. Die Demonstrierenden der ›Fridays for Future‹-Bewegung protestieren gegen die einseitige Aufkündigung dieses Generationenvertrages durch die Älteren. In wenigen Monaten haben es die Schüler und Studenten geschafft, die etablierte Politik vor sich her zu treiben. Und die macht die denkbar schlechteste Figur. Humorlos und schmallippig schwingen die einen den Rohrstock: Schule schwänzen müsse bestraft werden. Andere sprechen den ›Kindern‹ das Urteilsvermögen ab. Diffamieren das Recht auf Leben und Zukunft als ›Klimahysterie‹ und delegieren die Fieber senkende Therapie an die nächste Großkonferenz. Oder man raunt von phantastischen Technologien wie dem Brennstoffzellenflugzeug, der $CO_2$-Einlagerung oder dem Geo-Engineering: Unseren Ingenieuren wird schon etwas einfallen. Das alles ist nicht falsch, aber es wirkt als Feigenblatt, es verstellt den Blick auf die

Maßnahmen, die sofort anstehen müssen, denn es bleibt uns kaum noch Zeit.

Umweltpolitik ja bitte, aber kostenneutral. Fiskalisch soll alles so bleiben, wie es ist. Die Demonstranten von heute sind die Steuerzahler von morgen, und spätestens dann werden sie, so das offenherzig-zynische Kalkül mancher Politiker, die Zwänge der Buchhaltung verstehen. Das mag sein, aber es übersieht ebenjenen Posten, auf den Hannah Arendt setzt: Stets pulsiert frisches Blut in den Arterien gesellschaftlicher Kreisläufe. Schüler und Studenten wird es solange geben, wie Menschen sich dazu entschließen, für Nachwuchs zu sorgen. Der Ruf nach einer ökologischen Aktualisierung des Generationenvertrages lässt sich nicht einfach aussitzen.

### Die Lücke der Glaubwürdigkeit

Zwischen Reden und Handeln hat sich in den letzten Jahrzehnten eine Lücke der Glaubwürdigkeit geöffnet. Sie hat sich zu einer eiternden Wunde entzündet, und über alle falschen Worte finden weitere Bakterien ihren Zugang zum infizierten Zellgewebe der Gesellschaft. Dort wuchert ein ideologisches Geschwür, das stark in Worthülsen auftritt, um möglichst schwach zu handeln. Es braucht ein Argument in neuer Qualität sowie eine kritische Masse derjenigen, die es artikulieren, um die eingespielten Diskursstrukturen einer gesellschaftlichen Praxis aufzubrechen. Die ›Fridays for

Future‹-Bewegung hat beides erreicht. Das Argument ist schlicht und einfach: Es geht darum, den Jungen ihre Zukunft nicht zu rauben. Der Weg zur kritischen Masse war länger, er begann am 20. August 2018 mit der einsamen Mahnwache der Greta Thunberg vor dem Schwedischen Reichstag. Bekannt sind alle Versuche seitens der Politik, aber auch mancher Medien, die Integrität der 16-jährigen Schwedin und mit ihr die anschwellenden Schülerproteste zu diskreditieren, die zunächst in Australien und Belgien begannen und von dort aus auf viele andere Länder übersprangen. Eine neue Ernsthaftigkeit nimmt ihren Weg in den politischen Diskurs, mit beeindruckender Energie organisiert eine mit den sozialen Netzwerken vertraute Generation eine Bewegung. Neue Gruppierungen wie ›Scientists for Future‹ und ›Parents for Future‹ schließen sich an. Die ›alte‹ Diskursgesellschaft reibt sich verwundert die Augen: Wie ist es möglich, dass junge Menschen zwischen Pubertät und Adoleszenz plötzlich die Welt verändern können?

### Plötzlich sieht vieles anders aus

Ebenso plötzlich sieht vieles anders aus: Da fragen sich Journalisten, ob sie nicht ihren journalistischen Auftrag verfehlten, als sie sich »mit den Geschichten abspeisen haben lassen, die ihnen die Politiker geliefert haben« (so Marc Beise in der ZEIT vom 29. Mai 2019). Nicht selten haben die immergleichen, nach

Parteienproporz ausgewählten Politgesichter bei Anne Will und Maybrit Illner die sachliche Auseinandersetzung torpediert mit ihren immergleichen ausgestanzten Parolen, mit denen sie sich gegenseitig ins Wort fallen. Plötzlich sieht vieles anders aus: Man sieht den eigenen ökologischen Fußabdruck – ist eine Kreuzfahrt wirklich noch zu wollen? Der Fernflug in die Sonne aus dem wintergrauen Europa? Unsere Ernährungsgewohnheiten? Plötzlich sieht vieles anders aus: Von ökologischer Verantwortung wurde viel geredet, jetzt kommt es darauf an, sie auch zu wollen und zu übernehmen. Plötzlich sieht vieles anders aus: Ist die ökologische Ernsthaftigkeit der jungen Generation vielleicht die letzte Trumpfkarte der Zivilgesellschaft, die sie gegen eine Ökodiktatur ausspielen kann?

## Die letzte Trumpfkarte der Zivilgesellschaft

Wenn sie stechen könnte, diese Karte, dann wäre das ein grandioser Beleg für die Problemkompetenz einer freiheitlichen Zivilgesellschaft. In ihr würde die Wissenschaft nicht nur für technologische Innovationen gut sein, sondern auch für gesellschaftliche und kulturelle Expertisen. Der Jugendbewegung ist anzuraten, dass sie sich nicht vereinnahmen lässt von den Eliten der Gesellschaft. Dass sie ihre Beweggründe beharrlich vertritt und die korrumpierten Generationen vorführt. Dass sie auf Antworten pocht. Und wenn diese ausbleiben oder wenn wie bisher nur politisch verschwurbelte Attrappen als Antworten angeboten werden, dann sollte die Jugendbewegung ihr Vokabular verschärfen. Und wenn das alles nichts nützt, weil die Gesellschaft taub geworden ist in ihrem Hedonismus, dann bleibt ihr die *ultima ratio*: die Aufkündigung der Kooperation.

Spätestens dann zieht eine weitere neue Zeit herauf, die Zeit der Ökodiktatur. Bis dahin haben wir vielleicht noch ein oder zwei Jahrzehnte Zeit. Derzeit steht es günstig für die letzte Trumpfkarte der Zivilgesellschaft, denn in der Geschichte der Menschheit erfreute sich keine politische Bewegung so vieler Sympathien wie die jetzige Unruhe in der Jugend.

# Müssen wir uns des Reisens schämen?

In den heißesten Tagen dieses Sommers ging es wieder auf Motorradtour. Sechs Tage, über die Großglockner-Hochalpenstraße nach Schloss Duino an die Adria, von dort durch die Dolomiten und über viele kurvige Pässe zurück. Insgesamt verbraucht: 80 Liter Benzin, diverse Plastikflaschen Mineralwasser und ja, Fleischgerichte waren auch dabei. Altherrentour zu zweit wie jedes Jahr, ein Stück gelebter Freiheit, die nur Bikerinnen und Biker nachempfinden können. Und genau diese Exklusivität macht die Motorradfreiheit auch ein wenig verdächtig.

Kein Wunder also, dass sich am dritten Tag noch jemand dazu gesellte: die Scham. Über einen nächtlichen Traum hatte sie sich eingebucht. Als ich unsere Begleiterin näher musterte, fiel mir auf, dass sie zwei Gesichter hat. Das eine zeigt ein soziales Profil. Das hatte schon der alte Platon gezeichnet: Als Zeus sich besorgt zeigte ob des Zwistes unter den Menschen, so heißt es im *Protagoras*, schickte er den Götterboten Hermes zu ihnen, damit er ihnen die Scham bringe als sittliche Orientierung. Solle er nur einige impfen oder alle?, fragte Hermes noch. Alle, so beschied der Götterboss, es könnten keine Staaten zustande kommen, wenn nur wenige der Scham teilhaftig würden. »Ja, gib sogar das Gesetz in meinem Namen, dass man den der Scham und Gerechtigkeit Unfähigen als einen Krebsschaden des Staates vertilge!«

Und das zweite Gesicht der Scham? Ein Portrait von ihr zu zeichnen ist etwas ganz anderes als sich selbst zu schämen. Das eine sind Theorie, Moral und kluge Worte, die mehr oder minder leichthin gesagt werden können, weil sie dem Schamgefühl nicht abgerungen werden müssen. Dem nämlich sind alle Worte vergangen. Wer sich schämt, der kann sich weder rechtfertigen noch kommentieren. Ihm ist der Boden unter den Füßen weggezogen, und wenn es ganz arg kommt, dann steht er wie vernichtet da vor den sozialen Augen. Doch auch das sind wieder Worte aus gesicherter Distanz. Das zweite Gesicht der Scham hebt sich authentisch allererst aus dem Spiegelbild meiner selbst heraus. Im Extremfall zeigt es mir meine eigene verzerrte Fratze. Kaum ertrage ich sie dann, aber doch, ich bin es, kein Zweifel, auch wenn mir schwerfällt, es mit mir so auszuhalten.

Der Motorradtour schloss sich die Scham in milderem Auftritt an. Denn ich wusste sie klein zu halten, weil ich mich in bester Gesellschaft wiederfinde. Irgendwie, so gab ich unserer Begleiterin zu verstehen, machen es doch alle so. Wir alle wissen, dass wir unsere Gewohnheiten und Bedürfnisse ändern müssen in den Zeiten des Klimawandels. Doch verzichten? Wir haben da eine allgemeine Erkenntnis, wissenschaftlich so gut begründet, dass nur Ignoranten sie leugnen können. Aber wir stolpern eben auch immer wieder über unseren Drang, Welt konsumieren zu wollen. Ein altbekannter Zwist von Vernunft und Begehren zieht sich quer durch das menschliche Leben. Kein Philosoph hat ihn je befriedigend und überzeugend schlichten können.

Am Vorabend einer ökologischen Krise, wie ihn der Planet seit Menschengedenken noch nicht erlebt hat, steigert sich dieser Zwist zu enormen Proportionen. Bislang haderte man entweder mit sich selbst oder man klagte die Verhältnisse an. Die wenigen nicht Korrumpierbaren, die Gandhis, Mandelas oder Martin Luther Kings, sie wurden Vorbild oder gar Lichtgestalt, an ihnen nahm der langsame humanitäre Fortschritt sein unbestechliches Maß. Doch haben sie und andere, die ihnen folgen werden, noch genügend Leuchtkraft, um die Menschheit in sich selbst umzuwenden? Schnell müsste das gehen, denn uns bleibt kaum noch Zeit für den großen ökologischen Wandel, der auf nahezu allen Lebensfeldern sich vollziehen müsste: in der Ernährung, der Mobilität, der Industrie, der Arbeitswelt und an den Kapitalmärkten. Kann heute eine moralische Botschaft noch durch das Dickicht der Verhältnisse dringen?

Wir fahren hinauf zur Franz-Josefs-Höhe am Groß-glockner auf 2300 Meter Seehöhe. Die Straße endet in einem gigantischen verglasten Parkhaus. In den Scheiben spiegelt sich der sterbende Pasterze-Gletscher. Einst war er 13 km lang, heute weist er gerade noch 8 km auf, jährlich schmelzen, je nach Sommerhitze, 50 bis 100 Meter ab. Wir stehen am Kopf der kleinen Standseilbahn. Vor 50 Jahren errichtet, führte er damals noch talwärts zur Gletscherzunge. Heute endet sie im grauen Geröll, ein steiler Weg führt von dort hinab zu einem See, in dem sich das Schmelzwasser staut. Der Gletscher selbst in weiter Ferne. »Das ist jetzt halt so«, sagen wir mit leiser Stimme, in der sich Trauer, Resignation und auch ein wenig Trotz mischen. Und dann schweigen wir betreten, was soll man denn auch sonst noch sagen? Doch da spricht sie wieder, die Scham: Kann man so reden, darf man so reden? Und wenn so geredet wird, darf man dazu schweigen?

Die Gegebenheiten zu akzeptieren, das scheint die Position überwiegend meiner, aber auch die der jüngeren Generationen zu sein. Das Wahlverhalten der letzten Europawahl bestätigt die Trennlinien zwischen den Jungen und den Älteren, den Etablier-ten. Doch das Kreuz auf dem Wahlzettel besagt nicht allzu viel. Authentischer tritt da die Jugendbewegung auf. Was immer sie klimapolitisch in Zukunft bewir-ken wird, eines hat sie jetzt schon erreicht: Sie hat uns demaskiert mit unserem »Das ist jetzt halt so«. Manche schämen sich dabei, für sich selbst und für das eigene Umfeld. Gewiss – nicht jeder zahlt diesen moralischen Preis. Manche, und es sind nicht wenige, setzen hemdsärmelig auf technische Träumereien. Andere wiederum entlasten sich, indem sie mit dem Finger auf die afrikanische Bevölkerungsexplosion zeigen oder auf die Soja-Plantagen in Amazonien. Es gibt viele Strategien, um sich gegen die Scham zu immunisieren. Für die Jugendbewegung sind die Schamvollen zwar keine laustarke Unterstützung, aber stille Sympathisanten, das sind sie schon. Zudem schwelt in ihnen die Bereitschaft, auch einmal zu verzichten, sei es auf einen Flug oder nur auf einen Motorradtrip. Deshalb kommt es darauf an, sensibel mit der Schambereitschaft umzugehen. Denn sie wandert auf scharfem Grat, jederzeit ist sie in Gefahr abzustürzen ins Lager derjenigen, die der ethischen Hygiene wegen nach entlastenden Lizenzen verlangen. Kontraproduktiv wäre eine moralische Diktatur, die das Gute hochrüstet gegen das Schlechte.

Von der ökologischen Scham ist es ein langer Weg zum Handeln. Doch die Scham hält die Bereitschaft zur Anständigkeit wach. Das ist nicht wenig, wenn man in Anschlag bringt, in welchen unanständigen wirtschaftlichen und politischen Verhältnissen die Bürger gewohnt sind, ihr Leben zu leben.

# Kant weiterdenken
## Ein ökologischer Grundvertrag der Menschheit
### Ein Aufruf

Vor 224 Jahren veröffentlichte Immanuel Kant seine publizistisch erfolgreichste Schrift ›*Zum Ewigen Frieden*‹. Darin zeichnete er drei große politische Kreise, konzentrisch angeordnet: in der Mitte eine republikanische Verfassung, die den Bürgern den innenpolitischen Frieden sichert. Daran schließt sich der Ring des Völkerrechts an, das die zwischenstaatlichen Beziehungen in die Hände eines Staatenbundes legt, der über den außenpolitischen Frieden wacht. Und schließlich, als Vollendung der politischen Sphäre, das Weltbürgerrecht. Es garantiert den Individuen die freie Bewegung über den Globus, denn, so Kant, in weltbürgerlicher Perspektive gebe es kein angestammtes Recht auf den Besitz einer heimatlichen Landscholle, die anderen Erdenbürgern verwehrt werden könne. Die begrenzte Oberfläche der Erde ist ein allgemeines Gut.

### Das politische Friedenswerk der Vernunft

Kants Entwurf hat damals auch deshalb Furore gemacht, weil er sich als Vertragswerk den Fürsten und Parlamenten zur Ratifizierung anbot: Der politische Wille zum umfänglichen Weltfrieden unterschreibe Kants Grundvertrag aller Friedensverträge. Denn nicht ein Autor habe hier die Feder geführt, sondern die philosophische Vernunft selbst.

Kants Schrift war wegweisend gewesen für die Gründung des Völkerbundes 1920 und der Vereinten Nationen 1945. Allerdings findet sich im Vertragswerk der UNO auch die Handschrift der Sieger des Zweiten Weltkriegs, denn die großen Fünf haben sich ein Vetorecht im Sicherheitsrat ausbedungen. Kant hätte darin einen Mangel an republikanischem Geist gesehen. Der Republikanismus stellt alle Beteiligten, ob Bürger oder Staaten, auf gleiche Augenhöhe, es zählen hier weder Macht, Einfluss, Abstammung oder wirtschaftliche Potenz. Aber dennoch, trotz aller Mängel, das internationale Vertragswerk ist ein großer weltgeschichtlicher Fortschritt. Heute kann und muss man den völkerrechtlichen Institutionen einen weiteren, einen vierten Ring hinzufügen: den ökologischen Grundvertrag. Er regelt die Rechte, die der Mensch an der Natur wahrzunehmen befugt ist.

### Das ökologische Friedenswerk der Vernunft

Der ökologische Grundvertrag weitet das Friedenswerk der Vernunft aus auf ein auskömmliches Verhältnis des Menschengeschlechts zur Natur. Ein solcher Grundvertrag ist ein sehr ambitioniertes

Unternehmen. Denn die Themen der aktuellen umweltpolitischen Diskussion – Klima, Kontaminierung der Böden und des Wassers, industrielle Landwirtschaft und Biodiversität – müssen naturphilosophisch neu justiert werden. Immer noch betrachtet die Menschheit die Natur überwiegend als bloße Ressource. Daran ändert auch die Einsicht nichts, dass die Natur nur über begrenzte Regenerationskräfte verfügt. Doch die Natur ist nicht nur ein Lieferant von Energie und Rohstoffen. Wir bewundern und lieben sie, sie ruft in uns ästhetische und moralische Empfindungen hervor. Möglicherweise leben auch Tiere in einer emotionalen Bindung zur Natur, aber unbestreitbar dürfte sein, dass das Menschengeschlecht seiner Naturverehrung eigens Ausdruck gibt in Architektur, Gartenkultur, Kunst, Wissenschaft und Spiritualität. Und aus eben dieser emotionalen Bindung heraus leben die unzähligen kleinzelligen Umweltinitiativen, ohne die das ökologische Bewusstsein gar nicht entstanden wäre. Ein ökologischer Grundvertrag müsste mit dem Stift einer Vernunft geschrieben werden, die weiträumiger ist als diejenige Kants, die sich zu einseitig an nüchternen Rechtsverhältnissen orientiert. Die ökologische Vernunft gründet auch auf Gefühlen.

Mit Gefühlen zu argumentieren ist allerdings ein schwieriges, wenngleich nicht aussichtsloses Geschäft, schließlich haben die Rechtsstaaten viel Erfahrung mit

Diskriminierungsparagraphen. Für einen ökologischen Grundvertrag stellt sich ein weiteres, wahrscheinlich noch vertrackteres Problem: das ethische nämlich. Hier begegnet uns ein heikles Drei-Körper-Problem: Da äußern die gegenwärtig Lebenden ihr legitimes Recht an wirtschaftlicher und gesellschaftlicher Entwicklung. Dasselbe gilt selbstredend auch für die noch Ungeborenen. Und schließlich kann auch die Natur Rechte geltend machen, am Einsichtigsten formuliert als Lebensrecht der biologischen Arten. Das Drei-Körper-Problem erweitert sich zudem mit einem vierten Posten, den auch ein ökologischer Grundvertrag nicht aus dem Blick verlieren darf: die Stabilität menschlicher Gesellschaften. Sie gehört ebenso wie eine lebenstaugliche Umwelt zur Erbmasse, die jede Generation weitergibt.

### Entwurf einer ökologischen Weltphilosophie

Ich bin persönlich der Ansicht, dass die Philosophie Kants nicht hinreicht, um in einem ökologischen Grundvertrag die emotionalen und die ethischen Dimensionen ausreichend zu würdigen. Kant bietet Ansätze dazu, so stellt er etwa das Naturschöne über das Kunstschöne. Und auch die Naturgesetzformel des Kategorischen Imperativs lässt sich ökologisch ausdeuten (»*Handle so, als ob die Maxime deiner Handlung durch deinen Willen zum allgemeinen Naturgesetze werden sollte«*). Doch für eine Umweltethik scheint mir gerade die Bewertung von Handlungsfolgen unverzichtbar. Hier zeigen utilitaristische Ethikkonzepte ihre Stärken. Und worauf könnte sich eine Philosophie der Naturverehrung gründen? Von zarten ästhetischen Tönen bis zu überwältigenden Sinnbildern reicht der weltliterarische Kanon der europäischen Romantik, der indischen All-Einheits-Lehre der Upanishaden, der Naturkosmologie des chinesischen Taoismus und bei den afrikanischen und indianischen Philosophien.

Eine ökologische Vernunft wäre ein großer weltphilosophischer Wurf. Die Menschheit würde dazu ihr Bestes einbringen, und der Philosophie käme dabei die Aufgabe zu, die verschiedenen Weltströmungen zu moderieren. Im Grundvertrag mit der Natur sollte sich die ökologische Vernunft auf die wichtigsten Hauptlinien beschränken. Er würde gleichsam das Skelett der ökologischen Vernunft bilden, er wäre der Bewegungsapparat für umweltpolitisches Handeln. Die konkreten Maßnahmen verbleiben im Handlungs-feld der Politik, doch die Philosophie formuliere dazu die Präambel für den chancengünstigen Fluss des Lebens.

### Im Sinne Kants über Kant hinaus

Kant war mit seinem Entwurf des ›Ewigen Friedens‹ weltgeschichtlich erfolgreich gewesen, weil er sich diskursökonomisch knapp gehalten hatte. An der

Prägnanz könnte sich der ökologische Grundvertrag ein Vorbild nehmen: Gerade einmal 60 Seiten umfasst Kants Vertragswerk. Den Definitivartikeln hat Kant sechs Präliminarartikel vorangestellt, die unmittelbar auf die friedensfeindlichen Faktoren der zeitgenössischen Gegenwart des 18. Jahrhunderts eingingen: stehende Heere, Kriegsanleihen, Heiratspolitik der Fürstenhäuser, Intrigen, Verschwörungen und Verletzung der Integrität anderer Staaten. Ein ökologischer Grundvertrag würde ebenso in Präliminarartikeln das umweltpolitische Sündenregister auflisten, um das unmittelbar zu Tätigende anzumahnen. Eigentlich philosophisch aber wären die Definitivartikel des Grundvertrages, die die lebensfreundlichen Grundlagen des ökologischen Bewusstseins ausbuchstabieren.

Die ökologische Vernunft ergänzt die politische Vernunft. Kant hatte die drei Rechtssphären aus republikanischer Verfassung, Völkerrecht und Weltbürgerrecht in historisch aufsteigender Linie angeordnet: aus der ersten entstehen die beiden anderen. Jede historisch spätere stabilisiert dabei aber auch die je voraufliegende: Erst ein Weltbürgerrecht befriedet die internationalen Beziehungen, erst ein Völkerbund konsolidiert die republikanische Verfassung der Einzelstaaten. Der ökologische Grundvertrag folgt der Kantischen Anordnung, er bildet die vierte Sphäre. Er stärkt nicht nur die Rechte der Natur, sondern er stabilisiert auch die republikanische Vernunft mit all ihren gewachsenen Institutionen. Einen belastbaren gesellschaftlichen Frieden kann es nur geben, wenn die Menschheit Frieden mit der Natur schließt.

Die Philosophen sind aufgerufen, einen ökologischen Grundvertrag zu entwerfen. Es ist jetzt an der Zeit!

# Publikationsnachweise

Wo sind wir, wenn wir lesen?
philosophiekolumne.com vom 05.04.2018

Wie wäre eine Welt ohne Konjunktiv?
philosophiekolumne.com vom 28.04.2017

Wer ist das Ich in meinen Erinnerungen?
philosophiekolumne.com vom 03.02.2017

Beethovens Zehnte
Künstliche Intelligenz komponiert
-bislang unveröffentlicht-

Die magischen Momente der Politik
Ein Plädoyer für politische Mythen
philosophiekolumne.com vom 13.01.2017

Der Philosoph als Weltbürger
Jürgen Habermas zum 90.Geburtstag
ethik-heute.org vom 22.06.2019

Mit Geschichten getäuscht
Der Fall des Journalisten Claas Relotius
ethik-heute.org vom 12.01.2019

Leitkultur? Ja oder nein,
deutsch oder europäisch?
philosophiekolumne.com vom 06.02.2018

„Blickt nach oben zu den Sternen"
Zum Tod von Stephen Hawking
ethik-heute.org vom 30.03.2018

Der Blick aus dem Orbit
philosophiekolumne.com vom 08.02.2019

Tödliches Plastik oder:
Die toten Schildkröten am Strand von
Mahabalipuram
philosophiekolumne.com vom 03.02.2017

Die letzten Trümpfe der Menschheit
philosophiekolumne.com vom 18.11.2018

Plötzlich sieht vieles anders aus:
›Fridays for Future‹ klagt den
Generationenvertrag ein
ethik-heute.org vom 12.01.2019

Müssen wir uns des Reisens schämen?
philosophiekolumne.com vom 03.09.2019

Kant weiterdenken:
Ein ökologischer Grundvertrag der Menschheit. Ein
Aufruf
Hohe Luft 1/2020, S. 72-74

Letzte Publikationen

## Ich allein bin wirklich!

Die Philosophie und das launige Leben
Roman
Tübingen   2017

## Aufbrechen

Philosophische Inspirationen für Reisende
Essays  (Zusammen mit Christoph Quarch)
Daun   2019

## Peter Vollbrecht

gründete 1997 nach mehrjähriger Lehr- und Forschungstätigkeit an den Universitäten Heidelberg, Bayreuth und New Delhi das »Philosophische Forum« in Esslingen am Neckar. In Stuttgart initiierte er eines der ersten philosophischen Cafés im deutschsprachigen Raum. Kurz darauf entwickelte er das Konzept philosophischer Reisen, seit 2000 führt er Gruppen zu philosophischen Themen in Europa und Südasien.

„Nur das, was sich klar und verständlich sagen lässt, hat Bestand und Wert." Er möchte das Denken erzählerisch gestalten, um die Faszination an den großen Menschheitsideen auch einem fachlich nicht versierten Publikum zu entzünden. „Nur das, was sich elegant sagen lässt, erreicht die Herzen der Menschen", sagt er über das Philosophieren.